Le Monde *diplomatique*

Vol. 184   Janvier · 2024

Article de couverture

국제법 위반하는 이스라엘의 잔혹함

글 · 안세실 로베르

몇 주간의 폭격 끝에, 2023년 11월 22일 이스라엘과 하마스는 4일간의 일시 휴전에 합의했다. 200만 가자지구 주민들의 고통을 고려하면 너무나 짧은 휴전이었다. 이스라엘 점령군이 국제기구와 비정부기구의 구조 활동과 언론의 접근을 막으면서, 폭격을 퍼붓고 포위하는 상황은 1945년 이후 제정된 국제인도법에 대한 명백한 위반이다.

8면 계속▶

45

68

25

77

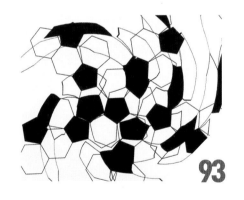

93

105

Dossier 팔레스타인 vs.이스라엘

Mondial

Société

Culture

Corée 빛바랜 푸른색

유럽의 분해

브누아 브레빌 | <르몽드 디플로마티크> 프랑스어판 발행인

러시아가 우크라이나를 침공한 날로부터 4일 후인 2022년 2월 28일 아침, 볼로디미르 젤렌스키 우크라이나 대통령은 페이스북을 통해 자국의 유럽연합 가입 신청을 "특별 절차를 통해 즉각 승인해줄 것"을 요청했다. 당시만 해도 이 문제는 진지하게 인식되지 않았다. 우르줄라 폰데어 라이엔 유럽연합 집행위원장은 "우크라이나는 우리의 일부이며, 우리도 그들과 함께하려 한다"라고 입장을 표했으나, 샤를 미셸 유럽연합 정상회의 상임의장은 우크라이나가 준수해야 하는 규정들이 존재한다고 단언했다.

이에 젤렌스키 대통령은 절차에 따라 유럽연합 가입신청서를 제출했고, 우크라이나는 현재 후보국 지위를 얻었다. 유럽연합 가입을 신청한 국가들 중 튀르키예는 후보국 자격 부여까지 12년, 보스니아 헤르체고비나는 6년, 알바니아는 5년이 걸렸다. 그런데, 우크라이나는 단 4개월 만에 후보국 대열에 들어선 것이다.

유럽연합 27개국 정상들은 이런 흐름에 따라 서구사회의 단일성을 강조하고 우크라이나를 향한 유럽연합의 확고한 지지를 표명했다. 하지만 약속된 것은 아무것도 없었다. 에마뉘엘 마크롱 프랑스 대통령은 유럽연합 가입에 "수십 년이 걸릴 수도 있다"라고 말했다. 2023년 11월 8일, 유럽연합 집행위원회는 우크라이나와 몰도바의 가입 교섭을 공식적으로 개시할 것을 권고한다고 발표했다. 젤렌스키 대통령은 모든 가입 절차가 2026년까지 완료될 것을 희망했고, 샤를 미셸 상임의장은 2030년을 예상했다. 만약 지금과 같은 속도로 모든 절차가 진행된다고 볼 때 충분히 가능성 있는 전망이다.

그럼에도 유럽 국가의 정상들은 유럽연합 가입 기준을 낮출 수는 없다는 입장을 고수하고 있다. 하지만 유럽연합이 제시하는 바로 그 '기준들' 즉 부패척결, 법치존중, 소수자 인권 보호, 재정균형 회복 등에 대한 달성 가능 여부를 토대로 평가를 받는 기존의 후보국들과 달리, 우크라이나는 현재 일어나고 있는 지정학적 요소들을 바탕으로 평가받고 있다.

최근 유럽연합의 확대는 우선순위를 잃어버린 듯하다. 동독 개방 이후 여러 경제 효과를 누리고 있었던 독일의 경우는 논외로 하더라도, 1990~2000년대 유럽연합의 최우선과제는 확대였다. 물론 다른 국가들은 이를 소셜 덤핑, 세금 덤핑, 제도적 마비, 국제무대의 불협화음 등으로 여겼음에도 불구하고 말이다.

그런데 우크라이나 전쟁으로 판도가 바뀌었다. 유럽연합의 확대가 각종 정상회담의 의제로 다시 떠오른 것이다. 이제는 우크라이나와 몰도바는 물론 조지아, 서부 발칸 국가 등을 포함해 36개국 체제의 유럽연합이 논의되고 있다. 폰데 라이엔 집행위원장은 이것이 유럽 변방 국가들에 대한 러시아와 중국의 영향력을 막아줄 "중차대한 정책"이라고 봤다.

하지만 여전히 답을 얻지 못한 질문들이 쌓이고 있으며, 프랑스 언론매체들은 이를 교묘히 회피하고 있다. 결속기금, 공동농업정책지원금 등을 어떻게 배분할 것인가? 유럽의회 의석과 위원 임명 등과 관련해서는 어떻게 역할을 나눌 수 있을까? 또한 만장일치를 필요로 하는 각종 부문의 마비 사태를 어떻게 피할 것인가? 각국 정상들은 자국 내 여론이 이런 문제들에 사로잡히지는 않을까 염려하는 한편 선제적인 제도 변화가 반드시 필요하다고 봤다. 하지만 공수표나 다름없는 발언들이다. 그리스, 독일, 스페인, 폴란드, 포르투갈, 헝가리를 모두 동시에 만족시킬 개혁이란 것이 가능하겠는가?

1990년대의 유럽연합은 기술산업 분야의 첨단을 달리던 북부 국가들과, 약세 통화 아래 관광업 및 농업 의존율이 높았던 남부 국가들로 양분돼 있었다. 그리고 2000년대부터 연합 확대가 거듭되면서 동서 격차도 추

가됐다. 높은 수준의 임금과 사회보장제도를 자랑하던 서부 국가들과, 저가의 노동력을 내세웠던 동부 국가들로 분류된 것이다. 특히 유럽의 자립성을 중요시하는 서부와 달리 동부에서는 미국 중심의 대서양주의를 고집하는 경우가 많다. 이는 다수의 발트 및 중앙 유럽 국가들이 러시아의 위협에 맞서 자국의 안보를 확보하기 위해 북대서양조약기구(NATO)에 의존하고 있는 탓이다.

오늘날의 유럽은 후퇴하고 있다. 특히 파견노동지침은 서유럽 내 서민층에게는 경제 불안감을, 동유럽에는 은밀한 피지배 의식과 종속 관계를 안겨주고 있다. 게다가, 몰락해가는 미제국에 대한 유럽연합의 복종 관계도 빠뜨릴 수 없다. 결국 유럽은 확대될수록 분열되고 있는 셈이다. Ld

글·브누아 브레빌 Benoît Bréville
<르몽드 디플로마티크> 프랑스어판 발행인

번역·김보희
번역위원

2024 서울의 봄을 기다리며

성일권 | 〈르몽드 디플로마티크〉 한국어판 발행인

대한민국 청년들은 늘 정치에 소외돼 있다. 청년층의 '머릿수 지분'은 유권자의 30%가 넘는 반면, 정치적 지분은 1%에 불과한 현실이다. 만 15~39세의 청년들을 둘러싼 사회문제는 끊이지 않는다. 대한민국 10~30대의 사망 원인 1위가 자살이며, OECD 기준 자살률 1위, 그것도 '압도적 1위'라는 불명예를 벗지 못하고 있다. 수많은 청년들이 등록금 부담, 실업난과 비정규직, 전월세 사기 등 온갖 사회적 문제에 시달리고 있음에도, 그들을 제대로 대변할 청년 정치인은 보이지 않는다. 기존 정치판에는 여전히 젊은 신인이 들어갈 틈이 없다.

매년 출산율이 급감(2023년 말 0.6%)하고 있다. 청년들이 연애, 결혼, 출산을 기피하며 죽어가는 근본적인 이유는, 아마도 '지금보다 더 나은 미래가 오지 않을 것'이라는 절망감일 것이다. 통계청 자료에 따르면, 지난해 직장을 얻은 청년층이 가장 많이 종사하는 업종은 숙박·음식점업(17%), 제조업(16.7%), 도·소매업(13.6%)의 순이었는데, 그중 대부분이 아르바이트 등 비정규직이었다. 청년층의 42%는 평균 4,000만원의 빚을 지고 있고, 주택을 소유한 청년은 10%에 불과하다.

반면, 재벌 3~4세의 경영 후계는 더욱 가속화하고, 현 정권에서 부유층의 종합부동산세와 상속세에 '면세' 특혜를 줬으며, 대기업의 '억대 연봉' 직장인은 지난해 131만 7,000명으로 전년 대비 17.3%p 증가했다. 절대 다수의 청년 빈곤층과는 대조적인 양상이다.

이렇게, 기득권층은 여전히 자기들끼리 배가 터지도록 부와 권력을 나눠먹고 있고 조금이라도 자신들의 입지가 흔들리는 것을 용납하지 않는다. 정치권은 평소에는 거들떠보지 않던 청년을, 선거철만 되면 '급조'한다. 갑자기 청년조직을 강화하고, 자신들의 쓰임새에 '싹수'가 있어 보이는 청년 몇 명을 '스카우트'한다. 하지만, 이번 선거에서는 여·야 정치권이 모두 당권 경쟁에 몰입하고 제 살길을 찾느라 여념이 없어 보인다.

뜨거운 가슴으로 민주주의를 외치며 박정희 독재 정권에 항거하고, 1980년 서울의 봄을 주도한 당시의 청년세대는 386이라는 '빛'나는 갈채를 뒤로 한 채 이제 요지부동의 기득권 세력이 돼버렸다는 비난을 받는다. 화염병과 짱돌을 내던지며 군부독재의 권위주의에 항거한 '거시적' 민주주의자들이지만, 일상 속의 '미시적' 민주주의에는 익숙하지 않았던 386세대는, 자신들이 그토록 저항했던 구시대적 권위주의로부터 자유롭지 못했다. 족벌 재벌을 비판하면서도 자신의 자식은 갑질하는 금수저가 되기를 갈구했고, 평등을 주창하면서도 학벌과 스펙의 불평등을 조장했고, 자유를 강조하면서도 자신들의 이익을 극대화하는 자유만을 챙겼으며, 남녀평등을 말하면서도 여성에 대한 갑질을 당연시했다.

정당의 명칭을 여러 차례 세탁하며 군부독재의 권위주의의 명맥을 그대로 이어온 보수정당은 원래 그렇다고 치더라도, 이른바 '민주'라는 이름을 붙인 민주당 계열의 정치인들이 하나둘씩 추락하며 청년들로부터 '내로남불', '술자리 진보' 등의 조소를 받는 것이, 대한민국 민주주의의 슬픈 자화상이다. 독재 정권에 뿌리를 둔 '자칭' 보수우파 정당이나, 그 독재 정권 항거에 존립의 이유를 뒀던 자-타칭 진보좌파정당(민주당은 스스로를 진보적이라고 하지만, 좌파적이라고는 하지 않는다. 대신, 반대세력으로부터 좌파적이라는 비난 어린 평을 받는다)은 더 이상 변화를 원치 않는 수구 세력과 다름없다.

대한민국 민주주의의 가장 큰 위기는, 다름 아닌 청년층의 정치적 냉소다. 그렇다고 대한민국 민주주의의 퇴보 원인이 기성세대에만 있는 건 아니다. 정치권에 청년층을 대변하는 상징적 인물로 스카우트된 젊은 정치인들의 왜곡된 정체성도 빼놓을 수 없는 원인이다. 명문대 출신으로 노동 경험이 거의 없는 채, 정치권에 줄을 대 여의도에 입성한 이들이 과연 청년층을 대변할 수 있을까? 이들이 정치 활동을 하면서 청년 대다수가 겪고 있을 취업난, 불평등, 결혼과 육아, 전세 사기, 채무 등의 문제에 과연 얼마나 공감할 수 있을까?

지금까지 낙하산식 공천을 통해 정치권에 입문한 '청년' 정치인들은, 시대정신에 부합한 정치적 결기를 보여준 적이 없다. 정치의 꿀맛 탓인지, 한번 여의도에 입성하면 청년 정치인들은 어떻게든 자리를 지키려 안간힘을 쓴다. 초심을 팽개쳤거나, 아니면 처음부터 초심이라는 것도 없었을지 모른다. 당리당략의 주요 고비 때마다, 여당과 야당의 초선의원들이 자신들의 공천권을 움켜쥔 주군(主君)을 향한 호위무사를 자처하는 모습을 종종 볼 수 있다.

선거철이 한발씩 다가오면, 기성 정치권은 한층 파릇하고 신선한 정치 신인들의 물색에 나선다. 이에 부응하기 위해서일까? '싹수' 있는 청년 정치지망생은 '젊은 정치', '세대교체'를 주장하며 OO청년 협의회장, OO위원회 부위원장, 차세대위원회 위원장, 청년OO대표 등 그럴싸한 경력을 포장하며 정치권에 줄을 대느라 바쁘다. 하지만 기성세대는 신선 냉장고에서 생선을 고르듯, 정치 신인의 '신선미'를 잠시 이용하려 할 뿐, 결코 자신의 자리를 내줄 생각이 없다. 환갑을 넘나드는 나이에도 아랑곳하지 않고, 과거 386세대, 세상을 바꿔보겠다면서 서울의 봄을 주도했던 그들은 "나이는 숫자에 불과하다"라는 신념을 새로 다진다.

충복의 총격으로 박정희가 갑작스럽게 죽자, 쿠데타로 집권한 신군부의 권력욕을 다룬 영화 〈서울의 봄〉이 관객 1천만 명을 돌파했다. 전두환 군부의 1979년 12월 12일 밤의 쿠데타를 다룬 이 영화에서는, 대학생과 청년들이 이날 이후부터 1980년 5월 군부의 광주시민 학살 때까지 군부독재 타도와 민주주의를 외쳤던 이른바 '서울의 봄'을 담아내지는 않았다. 순전히 필자의 상상력으로 감독의 의도를 넘겨 짚어본다. 감독은 이렇게 말하려던 게 아닐까. 40여 년 전 당시 청년들이 외친 '서울의 봄'은 불행하게도 변질됐다고, 기성세대의 낡은 가치와 질서가 무너지고 해체될 때야 비로소 진정한 '서울의 봄'이 올 수 있다고. 이를 위해서는, 오늘을 살아가는 청년들의 각성과 정치화가 더욱 요구된다고…

청년들이여, 새해에는 아프지도, 죽지도 말자! 부디 힘을 합쳐 모두가 함박웃음을 짓는 진정한 2024년의 '서울의 봄'을 만들어보자! **ID**

글·성일권

<르몽드 디플로마티크> 한국어판 발행인

정당화될 수 없는 전쟁범죄

이스라엘의 심각한 국제인도주의법 위반

몇 주간의 폭격 끝에, 2023년 11월 22일 이스라엘과 하마스는 4일간의 일시 휴전에 합의했다. 200만 가자지구 주민들의 고통을 고려하면 너무나 짧은 휴전이었다. 이스라엘 점령군이 국제기구와 비정부기구의 구조 활동과 언론의 접근을 막으면서, 폭격을 퍼붓고 포위하는 상황은 1945년 이후 제정된 국제인도법에 대한 명백한 위반이다.

안세실 로베르 ▌〈르몽드 디플로마티크〉 프랑스어판 국제편집장

2023년 10월 7일 하마스가 저지른 잔혹 행위에 대응하여 이스라엘이 폭격을 감행하면서 약 1만 5,000명의 희생자가 발생했다. 100명 이상의 유엔 직원과 약 50명의 언론인이 사망한 것으로 추정된다.(1) 국경없는 의사회 설립자인 로니 브라우만은 "가자지구는 거대한 묘지"라며 개탄했다. 대규모 주민 학살과 보건 인프라 파괴, 물과 전기 공급 차단, 통신 차단, 영토 포위, 인도적 지원 공급 차단 등 잔인하고 파괴적이며 치명적인 모든 행동은 이스라엘이 방어권을 행사하고 하마스 소탕이 필요하다는 이유로 정당화될 수 있을지도 모른다.

마누엘 발스 전 프랑스 총리는 "우리는 2015년 테러 공격 이후 프랑스를 방어하고 시리아의 이슬람국가(IS)를 공격할 때 어떤 국가의 조언도 기다리지 않았다. 우리는 모두 차할(이스라엘군)의 정당한 대응에 팔레스타인 민간인들이 가능한 한 피해를 적게 받기를 바란다."라고 말했다(〈렉스프레스〉, 파리, 10월 27일). 일부에서는 이번 대응이 1945년 제2차 세계대전 당시 나치 독일의 드레스덴을 초토화시킨 연합군의 대규모 소이탄 폭격에 버금간다며 이번 사건을 이미 적에게 패배한 상황에서 자행된 전쟁 범죄로 보기도 했다. 영국의 그랜트 샤프스 국방부 장관은 11월 11일 〈BBC〉 방송에 출연해서 "우리는 전시에 사람들이 죽는다는 사실을 잊고 있는 것 같습니다. 영국이 드레스덴을 폭격했을 때

3만 5,000명이 사망했습니다"라고 설명했다.

"가자지구는 아동 공동묘지가 되고 있다"

유엔 관리와 비정부기구들은 하마스의 인질극을 비난하면서 아주 빠르게 '전쟁 범죄'라고 언급했다. 조심스러운 성격의 안토니우 구테흐스 유엔 사무총장은 "전쟁에도 규칙이 있다"라며 "가자지구의 악몽은 인도주의적 위기 그 이상이다. 인류의 위기다. 가자지구는 아동 공동묘지가 돼가고 있다."라고 말했다.(2) 국제앰네스티는 국제법 위반에 대한 "명백한 증거"가 있다고 밝혔다. 이스라엘은 언론인의 안전을 보장할 수 없다고 말했지만, 국경없는기자회는 이스라엘이 고의로 언론인을 표적으로 삼고 있다고 비난했다.(3)

유엔 기구와 인도주의 단체들은 SNS를 통해 병원과 학교, 구급차는 표적이 아니라는 성명을 발표했다. 이스라엘의 베냐민 네타냐후 총리는 "우리는 민간인 사상자를 최소화하려 노력했으나, 안타깝게도 성공하지 못했다"라고 인정했다(〈CBS〉 뉴스, 2023년 11월 16일). 남아프리카공화국과 콜롬비아, 칠레 등 여러 남반구 국가는 항의의 표시로 텔아비브 주재 자국 대사를 소환했다. 러시아와 중국, 이란, 사우디아라비아는 중동 상황에 대해 미국을 비난했다.

<재난>, 시리즈, 2018 - 파스칼 블레조

점령국에는 자위권이 존재하지 않는다고 믿는 아랍 국가와 러시아, 이란과 달리, 이스라엘을 인정하는 서방국들은 '자위권'이라는 말을 방패로 삼고 있다. 그 중간 위치에 있는 중국은 '자위권' 원칙은 인정하지만, 이스라엘이 "도를 넘어섰다"는 입장이다. 구테흐스 유엔 사무총장은 2021년 이스라엘과 하마스가 충돌했을 때도 "국제인도주의법을 위반하는 것은, 테러와의 전쟁이든, 자위 등 그 무엇으로도 정당화될 수 없다"라고 말한 바 있다.(4)

2023년 10월 18일 미국은 유엔 안보리 결의안에 하마스의 공격을 비난하는 내용이 포함되지 않았고 이스라엘의 대응을 불법화할 위험이 있다는 이유로 거부권을 행사했다. 그로부터 한 달이 지나서야 에마뉘엘 마크롱 프랑스 대통령은 민간인에 대한 이스라엘의 행동을 "정당하지 않고, 이유 없는" 행동이라고 규정하며 휴전 요청을 지지했다(〈BBC〉, 11월 12일). 알렉산더 드 크루 벨기에 총리는 이스라엘의 행동을 "합당하지 않다"고 표현했다(X[전 트위터], 11월 7일). 하지만 2022년 2월 24일부터 러시아의 우크라이나 침공에 대해서는 그토록 자주 등장하던 '비난하다'라는 동사는 현재 외교 사전에서 사라진 것처럼 보인다.

전쟁 범죄를 정당화하다

언론에서는 불길한 균형 게임을 펼쳐지고 있다. 한편에서는 점점 더 많은 사람이 고통을 겪는 끔찍한 광경이 펼쳐지고 있지만, 다른 편에

서는 제2차 세계대전 이후 비교할 바 없는 규모의 전쟁 범죄를 조용하게 정당화하고 있다. 이스라엘이 가자지구의 통신을 차단하고 해외 언론인의 가자지구 출입을 금지한 탓에 영상과 직접적인 증언을 확보하기 어려운 상황에서 폭격은 '공격'이라는 표현으로 완곡하게 포장되고 폭격으로 인한 사망자는 숫자에 그치고 있으며 비현실적인 논의만

이어지고 있다. 이오시프 스탈린은 "한 사람의 죽음은 비극이다. 하지만 100만 명의 죽음은 통계일 뿐이다"라고 말한 바 있다.

전쟁으로 인한 피해와 고통은 항상 국제법의 발전을 촉진해왔다. 1863년 솔페리노 전투 이후 국제적십자위원회(ICRC)가 탄생했고, 제1차 세계대전 이후 1925년과 1929년 주요 제네바 조약이 체결됐으며, 제2차 세계대전 이후 지금은 사라진 국제연맹의 본부가 있던 스위스에서 4개의 새로운 협약이 체결된 것을 봐도 알 수 있다.

예전 기준들은 전쟁의 규칙과 전투원과 부상자, 포로 신분에 초점을 맞췄지만, 1945년에 제정된 기준은 현대의 일반적이고 산업화된 분쟁으로부터 영향을 받는 민간인에 관한 내용을 담고 있다. 1944년 막스 후버 국제적십자위원회 회장은 "전쟁이 점점 더 총력전 양상으로 발전하면서 위험과 고통 속에서 군대와 민간인을 구분하는 것이 사실상 의미가 없어졌다. (…) 더 이상 고통을 완화하는 것이 문제가 아니라 전쟁의 근원을 없애는 것이 문제였기에 우리는 전쟁 자체와 직접 대면하는 투쟁에 돌입하고 있었다."라고 말했다.(5)

전쟁 직후 파괴된 유럽에서 논의와 협상이 진행됐다. 도시는 폐허가 되고, 난민 수용소가 존재하고, 사람들은 도로 곳곳에 쓰러져 있었으며 민간인과 군인 사망자는 수백만 명에 이르렀다. 연합군이 드레스

덴 같은 여러 도시에 소이탄을 투하한 뒤 승전국이라는 지위가 일시적으로 유럽을 치욕에서 보호해 주긴 했지만, 나치 독일이 저지른 기술적 야만과 산업화된 잔혹 행위로 유럽은 고통을 받았다. 전쟁의 영향을 적게 받은 스위스는 평온한 피난처를 제공했지만, 미래를 위해 특정 규칙에 동의해야 한다는 인식에서 벗어날 수 없었다.

민간인의 보호 받을 권리는?

장 픽테 교수는 국제적십자위원회에 제출한 제네바 협상에 대한 논평에서 다음과 같이 말했다. "제네바에 모인 전권 대사 모두에게 경의를 표한다. 그들은 약 4개월에 걸쳐 매우 철저하게 작업을 수행했고, 서로 의견이 다름에도 협력과 조정을 지향했으며, 훌륭한 인도주의 정신을 보여줬다. 최근 세계 분쟁이 초래한 악에 대해 두려움을 통감하며 전쟁으로 인한 수많은 희생자의 삶을 더 나아지게 하려는 진지한 열망으로 협상을 이어나갔다."(6)

무력 분쟁의 새로운 구도에서 민간인은 보호받을 권리를 가진다. 하지만 이 권리는 절대적이지는 않다. 민간인이 작전 수행에 걸림돌이 되는 경우가 있다. 픽테 교수는 "부상자나 포로는 위험한 존재가 아니기 때문에 이들에 대한 의무가 있다고 해도 국가가 적대 행위를 지속하는 데 심각한 방해가 되지 않는다. 반면에 민간인 대부분은 위험에서 벗어나지 못하며, 이들을 위한 조치는 전쟁 수행에 심각한 장애물이 될 수 있다"고 주장했다.(7)

따라서 1949년 제4차 제네바 협약에서는 '보호 대상자'의 범주를 넓혀서 병자와 부상자, 난파자, 포로에 이어 의료인과 종교인, 인도주의 활동가, 민간인 보호 대원 등 "적대 행위에 직접적으로 참여하지 않는" 민간인으로까지 점차 확대했다. 이들에게 영향을 미치거나 불필요하거나 부당한 고통을 가할 수 있는 군사 행동도 제한됐으며, 보복과 집단 처벌이 명시적으로 금지됐다. 군사 작전에는 필요성의 원칙과 비례의 원칙을 적용해야 한다.

그래서 (우크라이나에서) 러시아와 (가자지구에서) 이스라엘은 폭격당한 학교나 병원을 '적의 은신처'라고 주장함으로써, 이 장소들을 정당한 군사적 목표로 바꾸려 하는 것이다. 이는 항상 사례별로 검증해야 하는 고전적인 주장이다. 특히 하마스가 점령지 지하를 뚫어서 적대적인 행동을 계속하고 있는 상황에서 무차별적인 폭탄 세례를 계속 퍼붓는다면 위 주장은 신뢰를 잃게 될 것이다.

현대 국제인도법의 탄생을 둘러싼 위와 같은 상황과 동기를 살펴보면 가자지구의 참상에 직면한 인도주의 단체 대표들과 많은 법률 전문가가 경악하고 반발하는 이유를 알 수 있다. 아네스 칼라마르 국제앰네스티 사무총장은 제2차 세계대전을 넌지시 암시하듯 "오랫동안 볼 수 없었던 범죄"라고 비난하며 휴전 촉구를 지지했다 (〈프랑스 앵포〉, 11월 10일). 전후 수십 년 동안 심각한 기본권 침해와 전쟁 규칙 위반으로 인해 상흔이 남았지만, 아직 처벌이 내려지지 않은 범죄도 많다. 베트남 전쟁 당시 미국이 민간인을 상대로 저지른 화학무기 사용이나 1950~1970년대 식민지 세력이 저지른 범죄, 유고슬라비아 해체 과정에서 자행된 잔혹 행위 등을 보더라도 알 수 있는 사실이다.

최근 미국이 아프가니스탄과 이라크에서 고문을 자행한 것으로 추정되는 사건이나 러시아가 우크라이나 아동들을 추방한 사건을 보면 제네바 협약 체결국들이 인정한 규칙들에 위배되는 관행이 재발하고 있음을 알 수 있다. 현재 중동에서 벌어지고 있는 상황은 1945년 당시 협상국들이 금지돼야 하고, 발생한다면 지체 없이 종식돼야 한다고 생각했던 전형적인 상황, 즉 무장을 하고 범죄를 저지르는 적을 물리친다는 표면적인 목적 아래 명백한 기술적 우위(항공, 정보, 미사일 등)를 바탕으로 강력한 동맹국의 지원을 받는 '점령군'이 민간인에게 폭력을 행사하는 사례를 그대로 보여주고 있다.

이스라엘의 국제법 위반과 인권 유린

프랑스 법률 전문가들은 위와 같은 이유에서 2023년 10월 30일 호소문을 발표하고 '인류의 근본 규칙'을 다시 논쟁의 중심으로 끌어오려고 노력했다. "국제법의 기본원칙은 법률 전문가들을 위한 것도, 특정 국가의 이익만을 보호하기 위한 것도 아니라는 점을 기억해야 한다. 국제법의 존재 이유는 어느 곳에서든 개인과 민족, 국가를 그들의 기본권 소멸과 존엄성 모독으로부터 보호하고, 평화의 기회를 보존하며, 국가 간 최소한의 보편적 인식과 연대에 실체를 부여하고, 여기서는 이스라엘과 팔레스타인의 아이들을 모두 보호하기 위함이다."(8)

과거 유럽 지도자들은 유대인 학살을 "다시는 일어나지 말아야 할 일"이라고 통감했으나, 현재 지도자들은 1945년 유럽의 초토화를 잊고 민간인에게 폭격이 쏟아지는 것을 묵인하는 듯하다. 국제인도법의 의무에는 스스로 국제인도법을 준수하는 것은 물론 다른 이들이 준수하게끔 하는 것도 포함된다. 따라서 하마스의 잔혹 행위가 이스라엘의 분노를 샀다고 해도, 이스라엘에 국제 규범을 벗어날 수 있는 권한이 주어지는 것은 아니며 동맹국도 이를 허용할 수 없다. 다른 국가들의 침묵 속에서도 벨기에 총리가 "폭력적인 이스라엘 극단주의자"가 유럽 영토에 접근하는 것을 거부해야 한다고 유럽이사회에 제안한 것은 아마도 위와 같은 의무를 떠올렸기 때문일 것이다(〈AFP〉통신, 2023년 11월 9일).

도미니크 드 빌팽 프랑스 전 총리의 말을 빌리자면, 이스라엘은 하마스가 설치한 '함정'에 동맹국들을 끌어들이고 있다. '절대적 공포'를 유발하고, 여러 세기 유대인들이 겪은 대박해의 기억을 되살려 상대편도 대규모 범죄에 가담하도록 강요한다는 것이다.(9) 이스라엘은 수십 년 동안 팔레스타인에 집속탄과 같은 금지된 무기를 사용하고, 대규모 행정 구금을 자행하며, 특히 시위 현장에서 수십, 수백 명에게 치명적인 무력을 남용하는 등 국제법을 위반하고 인권을 유린해 왔다.

2006년 가자지구 전쟁과 현재 상황이 다른 점은 하마스를 물리치기 위해 사용된 수단의 규모와 불균형에 있다. 사실상 이번 상황은 거의 모든 규칙을 위반했으며 민간인 무차별 대량 학살에 해당한다. 지정학적으로 재구성된 상황은 국제법 위반에 대한 인식과 수용을 변화시키고 있다.

전쟁이 끝나면 국제 재판소의 법률 전문가나 정치적 해결 당사자들이 양측이 저지른 행위가 1945년에 정의된 '국제 범죄'에 해당하는지와 그 범위를 결정할 것이다. 어쨌든 전후 국제 질서의 창시자들에게 영감을 주었던 것과 같은 인류애적 노력이 필요할 것이다. 그렇지 않으면 우리는 범죄가 득세하는 혼란 속에서 유명한 정치가 장 조레스가 말한 "돌이킬 수 없는 양심의 타락"을 목격하게 될 것이다. ⓛⒹ

글·안세실 로베르 Anne-Cécile Robert
〈르몽드 디플로마티크〉 프랑스어판 국제편집장

번역·이연주
번역위원

(1) 폭격 희생자 관련 수치는 하마스 보건부가 제공한 것이 유일하다.
(2) 유엔정보센터, 'L'ONU et la crise au Proche-Orient 유엔과 중동의 위기', 2023년 11월 8일, https://unric.org
(3) Christophe Deloire, 'RSF dépose plainte devant la Cour pénale internationale pour crimes de guerre contre les journalistes 국경없는기자회, 언론인을 대상으로 한 전쟁 범죄로 국제형사재판소에 고소장 제출', 국경없는기자회, 2023년 10월 20일, https://rsf.org
(4) 유엔 총회, 2021년 5월 20일.
(5),(6),(7) Jean Pictet, 『Les Conventions de Genève du 12 août 1949, volume IV : La Convention de Genève IV relative à la protection des personnes civiles en temps de guerre : commentaire 1949년 8월 12일 제네바 협약, 제4권: 전쟁 중 민간인 보호에 관한 제네바 협약 제3조: 논평』, 국제적십자위원회, 제네바, 1956. 국제적십자위원회 도서관에서 온라인 열람 가능: https://library.icrc.org.
(8) Evelyne Lagrange et al., 'Conflit au Proche-Orient : rappels à la loi des nations 중동 분쟁: 국제법상의 주의사항', Le Club des juristes, 2023년 10월 30일.
(9) 〈BFM TV〉, 2023년 10월 27일.

무제 <뒤늦은 뉴스> 시리즈, 2015 - 타이시르 바트니지 _ 관련기사 16면

DOSSIER

도시에

팔레스타인
vs. 이스라엘

'제2의 나크바'에 대한 두려움

과격한 유대인 혐오증의 부활에 대한 두려움과 1948년 나크바(그해 이스라엘 건국 이후 약 70만 명의 팔레스타인인이 추방당한 사건-역주)의 재현에 대한 두려움이 맞선다. 평화를 이루기 위해 이 두 가지 공포를 이해할 필요가 있지만, 무엇보다 이 전쟁에서 가장 약한 존재이고, 제대로 보호받지 못하는 이들은 팔레스타인인들이라는 사실을 기억해야 한다.

소피 베시 ▌역사학자

2023년 10월 7일, 하마스가 이스라엘 영토에 대한 유혈 기습을 시작해 대량 학살을 벌였고, 이스라엘도 유례없는 규모의 반격으로 엄청난 인명 피해를 일으켰다. 이스라엘-팔레스타인 분쟁은 이제 새로운 양상으로 접어들었다. 두 나라의 미래도 바뀌었을지 모른다. 1948년 이스라엘 건국 이래 두 나라의 대립은 다른 어떤 식민지 상황보다도 정치적인 문제로 남았다. 그동안 양국의 분쟁에 관해 증오가 많이 언급됐지만, 사실 이 증오는 두려움에서 시작됐다. 이스라엘이나 팔레스타인 모두 증오보다 두려움이 집단의 기억과 이야기 대부분을 차지한다.

유대인들의 두려움은 유럽에서 수백 년 동안 지속됐다. 이 두려움의 뿌리는 나치의 유대인 학살로 이어진 박해의 역사에 있다. 나치의 학살 이전에도 유대인 조상들은 반(反)유대주의 폭력을 겪었고, 자신들을 보호해줄 조국을 건립해야 한다는 민족주의 운동인 시온주의를 탄생시켰다. 1948년 이후, 이스라엘이 강력한 군대와 미국의 빈틈없는 지원에 힘입어 스스로를 국제법도 무시할 수 있을 정도의 군사 강국으로 칭하면서 과거의 두려움은 사라진 듯 보였다. 이스라엘은 강했기에 두려울 게 없었다. 국민을 보호할 수 있고, 주변국들의 적대심도 누를 힘이 충분히 있었다.

자신들의 만행에는 침묵하는 이스라엘

전 세계 유대인 대다수에게 이스라엘은 생명보험과

도 같은 존재였다. 이스라엘에 정착하지 않은 유대인들에게도 충분히 피난처가 될 수 있기 때문이다. 이 때문에 일부 유대인들은 이스라엘의 식민지화 계획을 너그러이 용인하면서, 1947년 유엔의 팔레스타인 분할안에 포함된 팔레스타인 국가 건설 기회를 방해했다. 그러나 2023년 10월 7일, 수년에 걸쳐 당연하다고 여겨진 것들이 무너졌다. 하마스가 국제적으로 인정된 이스라엘 영토 내부를 처음으로 공격했고, 무적이라는 명성을 지닌 이스라엘 군대가 개입하기도 전에 민간인 수백 명을 학살했기 때문이다. 이제 피난처는 더 이상 존재하지 않았고, 이스라엘인들은 낯설게만 느껴졌던 유대인으로서의 두려움을 다시 마주하게 됐다.

그러나 수많은 이스라엘인은 자신들이 원흉이 된 두려움에는 침묵한다. 팔레스타인인 약 70만 명이 추방당한 뒤 돌아오지 못했던 나크바 이후, 모든 팔레스타인인의 기억에는 두려움이 각인됐다. 1948년, 이제 막 탄생한 이스라엘이 자국 수립과 동시에 자행한 인종 청소는 다양한 방식으로 지속한 만큼 사람들의 기억에서 쉽사리 사라지지 않았다. 예루살렘을 이스라엘의 '영원한 수도'라 공표하며 유대화를 진행한 것처럼, 이스라엘은 1967년 6월 옛 팔레스타인 위임통치령 전체를 정복하고 체계적으로 식민지화를 이끌었고, 팔레스타인인들에게는 얼마 남지 않은 영토마저 빼앗길지도 모른다는 두려움을 심어왔다.

2021년, 서안지구 이스라엘 정착민들의 지지를 받

는 이스라엘 극우파가 집권하면서, 팔레스타인 주민들은 이스라엘 식민 민병대의 횡포와 권리 박탈에 시달리며 일상적으로 두려움을 안고 살아가게 됐다. 2023년 10월 7일 이후 가자지구를 주 무대로 하는 이번 전쟁은 팔레스타인인들의 이런 두려움을 공포로 바꿔 놓았다. 사실상 가자지구 내 모든 생명체를 조직적으로 파괴하고 있는 이스라엘의 하마스 소탕 작전은, 일부에 불과할지라도 거주민들을 그곳에서 내쫓으려는 욕구를 내재하고 있다.

가자지구 주민들을 시나이반도로 강제 이주시키는 방안이 고려됐지만, 이집트는 자국 땅에 그들을 수용하지 않겠다며 반대했다. 이스라엘은 팔레스타인인 수십만 명을 가자지구 내에서 강제 이주시켰다. 만약 이스라엘 극단주의자들이 자신의 공약대로 권력을 마음대로 휘두른다면, 대규모 추방이 이뤄질 것이라는 사실을 짐작할 수 있는 대목이다. 도로로 밀려난 팔레스타인 군중의 모습은 첫 번째 추방의 상처를 되살림과 동시에 혹시 모를 두 번째 추방을 두려워하게 만든다.

무제 <뒤늦은 뉴스> 시리즈, 2015 - 타이시르 바트니지

"시온주의에 반대하는 이들은 모두 히틀러"

이 두 가지 두려움은 서로 마주한 두 민족의 각기 다른 역사적 경험을 바탕으로 하는 진실을 담고 있다. 그러나 현대적 관점에서 이들의 두려움은 동등하지 않다. 이스라엘 지도자들과 지지자들이 여론을 설득하려 주장하는 것처럼 모든 게 10월 7일에 시작된 건 아니기 때문이다. 이 분쟁에는 점령자와 점령당한 자가 있다는 사실을 기억해야 한다. 피점령국인 팔레스타인은 누구의 보호도 받지 못하고 있지만, 점령국 이스라엘은 추종자들이 무엇이라 말하든, 모든 실존적 위험에서 자국을 보호할 수 있는 무기고를 갖고 있다. 물론, 이스라엘 군대와 정보기관은 하마스의 공격을 예측하지 못했다. 하지만 가자지구를 강타한 불의 폭풍은 이스라엘이 여전히 강력한 힘을 가졌고, 그 힘을 제한 없이 사용할 계획이라는 점을 보여준다. 정식 휴전

무제 <뒤늦은 뉴스> 시리즈, 2015 - 타이시르 바트니지

협정이 아직 체결되지 않았기 때문이다.

그렇지만 이스라엘 정부는 해결 불가능한 역설적 상황에 처했다. 이스라엘은 자국의 힘에 한계가 없다는 점을 드러내 보여야 한다. 적에게 공포를 심어줄 수 있는 유일한 방법이기 때문이다. 그러나 동시에 자국민들이 계속해서 두려움을 느끼게 해야 한다. 강력한 국가가 돼야 하지만, 목숨을 앗아갈 위험도 있다는 사실을 국민이 다시금 느껴야 한다. 이런 모순된 조건들을 절충할 도구는 나치주의와 집단 학살의 기억이다.

실상 이스라엘 지도자들은 이 기억을 항상 이용해왔다. 가말 압델 나세르부터 야세르 아라파트에 이르기까지 이스라엘의 정책에 적대적이었던 아랍과 팔레스타인 지도자들은 '히틀러' 취급을 당했다. 이스라엘 내부에서도 마찬가지였다. 평화를 위해 양보가 필요하다는 사실을 인식한 지도층은 악명 높은 수식어를 얻었고, 오늘날 정권을 잡은 극우파들에게 암살당한 이츠하크 라빈 전 총리는 자신을 나치 독재자로 꾸민 인형이 거리에서 행진하는 모습을 목격하기도 했다.

'노란색 별'의 남용이 초래할 자기 파괴

2023년 10월 7일 이후, 이런 현상은 정점에 다다랐다. 이스라엘 정부의 성명 가운데 하마스의 학살을 묘사하며 '포그롬(19세기에서 20세기 초에 제정 러시아에서 일어난 유대인에 대한 조직적인 탄압과 학살을 이르던 말-역주)'이라는 용어나, 유럽 유대인들의 역사에서 가장 비극적인 시기에 대한 언급은 빠지는 법이 없었다. 분열된 사회를 재앙의 공포를 이용해 단결시키려는 것이다. 대표적인 사례는 유엔 주재 이스라엘 대사가 유엔 내부에서 노란색 별을 착용한 것이다. 반유대주의에서 비롯된 학살을 묵인하는 유엔을 비난하려는 행동이었다. 즉, 이스라엘 정책에 무조건적인 지지를 하지 않는 이들은, 모두 나치라고 간주하는 것이다.

대다수의 서방 관료들과 여론 조성자들은, 늘 그렇듯 상황을 진정시키려는 대신 과거에 대한 편향된 시각으로 이 용어를 남발한다. 10월 7일 하마스가 자행한 대학살은 용납할 수 없지만, 그날 이스라엘이 겪은 트라우마를 쇼아(홀로코스트)와 동일시할 수는 없다. 역사는 반복되는 측면이 있지만, 결코 똑같은 조건에서 똑같은 형태로 반복되지는 않는다. 그러나 유럽인들은, 현대 나치주의의 대표적 형태로 부상하는 하마스로 초점을 옮기며 자신들이 저지른 대학살에 대한 책임을 회피하려 한다. 유럽이나 미국 유대교 지도층 중 이스라엘이 이렇게 과거 유대인의 순교를 악용하는 것을 반대하는 이는 없다. 우연일까? 유일하게 비판의 목소리를 낸 인물은, 대니 다얀 예루살렘 쇼아 기념관장이다.

"유엔 주재 이스라엘 대표단이 노란색 별을 단 모습이 매우 유감스러웠다. (…) 홀로코스트 희생자들과 이스라엘 모두를 불명예스럽게 만드는 행위다. 노란색 별은 유대인들의 무력함과 타인에 대한 의존성을 상징한다. 오늘날, 우리에게는 독립된 국가와 강력한 군대가 있다. 우리 운명의 주인은 바로 우리다."

그는 또한, 이런 행위는 기대와 정반대의 결과를 초래할 위험이 있다고 말하고 싶었을지도 모른다. 이런 식의 비교는 너무 황당한 수준에 도달해, 스스로 파괴되는 단계에 이르렀다. 이제는 이스라엘과 서구 지도자들만 이런 표현을 사용하는 게 아니다. 가자지구에 대한 잔인한 포위 공격, 수천 명의 민간인 사망자들, 어떤 장소도 가리지 않는 폭격은 끔찍한 비교를 하게 만든다. 어떤 이들은 가자 주민들이 처한 상황을 설명하며, 폴란드 바르샤바 게토(2차 세계대전 당시 유대인 강제 거주 구역-역주)의 기억을 언급하기도 하는 등, 국제 여론의 눈에 이스라엘은 점점 피해자가 아닌 학살자에 가까워지고 있다.

그러나 이스라엘 지도자들은 자국의 미래까지 위태롭게 할 이런 상황의 심각성을 인지하지 못한 듯 보인다. 지금까지 이스라엘이 내세울 수 있었던 유일한 정당성은 박해받는 민족의 국가, 그 후손의 국가라는 사실이었다.

이스라엘의 오만함은 이런 정당성을 훼손하며, 스스로를 깊은 수렁으로 몰아넣고 있다. 그러니 무장 해제 약속은 평화뿐만 아니라 이스라엘 존속의 조건이기도 하다. **lb**

글·소피 베시 Sophie Bessis
역사학자

번역·김자연
번역위원

이집트 사막으로 강제이주될 가자지구 사람들

이스라엘 정보부의 냉혹한 시나리오

하마스가 이스라엘 땅에서 자행한 학살에 대해 이스라엘이 무차별 보복으로 대응하면서 가자지구가 초토화됐다. 수천 명의 사망자와 부상자가 발생했다. 이에 더해, 이제 수많은 팔레스타인인들이 강제 이주를 당할 상황에 처했다.

질베르 아슈카르 ▮ 런던대학교 SOAS 국제관계 및 개발학 교수

전쟁은 시작하기가 끝내기보다 쉽다고 한다. 가자지구에서 이스라엘이 벌이는 전쟁이야말로, 이런 통념을 확실히 증명하는 사례가 될 것이다. 2022년 말 베냐민 네타냐후가 집권한 정부는 이스라엘 극우 세력이 장악했다. 이들에게 2023년 10월 7일 하마스가 개시한 '알아크사 홍수' 작전은 요르단강 서안지구와 가자지구를 아우르는, 그러니까 영국 위임통치령(1920~1948) 팔레스타인을 통합하는 '대(大)이스라엘' 계획을 실행할 절호의 기회였다.

나크바: 이스라엘의 영토 강탈, 팔레스타인의 재앙

이스라엘 최대 우파 정당 리쿠드의 1996~1999년 첫 당수를 역임한 네타냐후는, 2005년부터 계속 이 정당을 이끌어왔다. 리쿠드를 탄생시킨 정치적·이데올로기적 긴장은 1~2차 세계 대전 사이에 탄생한 '수정주의 시오니즘'으로 알려진 한 파시스트 분파에서 생겨났다. 이스라엘 건국 이전에 이 분파는 영국 정부가 하심 가문에 양도한 트란스요르단 토후국을 포함해, 요르단 곳곳의 영국 위임통치령 전체를 시온주의 국가 프로젝트에 통합하려 했다. 이후 팔레스타인 위임통치령을 노린 이 분파는 다비드 벤구리온이 이끄는 시온주의 노동당이 요르단강 서안지구와 가자지구를 점령하지 않고 1949년에 전쟁을 중단했다며 비난했다.

벤구리온과 그의 지지자들이 볼 때 전쟁은 중단된 것이 아니라 연기된 것에 불과했다. 요르단강 서안지구와 가자지구는 1967년 결국 이스라엘에 점령됐기 때문이다. 그때부터 리쿠드는 그들의 운명에 대해 시온주의 노동당과 그 지지자들보다 경쟁적인 조건을 끊임없이 제시했다. 1948년에 요르단강 서안지구와 가자지구 주민들은 전쟁을 피해 떠났지만, 1967년에는 이 일을 교훈 삼아 대다수가 자신들의 땅과 거주지를 떠나지 않으려 했다. 1949년에 마침내 이스라엘국가가 건립된 영토에 살던 팔레스타인 거주민의 80%, 즉 영국 위임통치령 팔레스타인 거주민의 78%는 임시 거처를 찾아 도망쳤다. 그리고 새로 들어선 국가가 팔레스타인 거주민의 귀환을 막자, 그들의 임시 거처는 결국 영구적인 거처가 됐다. 이 강탈이 아랍인들이 '나크바(대재앙)'라고 부르는 사태의 핵심이다.

1967년 팔레스타인 탈출의 양상은 과거와는 달랐기 때문에(그럼에도 대부분이 1948년의 난민인 24만 5,000명의 팔레스타인인은 요르단강 우안으로 피신했다), 이스라엘 정부는 인구학적 요인으로 인해 합병을 향한 뜻을 접어야 하는 딜레마에 직면한다. 즉 두 영토의 거주민에게 이스라엘 시민권을 부여해 이곳을 점령한다는 것은 이스라엘국가 유대인의 정체성을 위태롭게 할 수 있었다.

또한 이들을 귀화시키지 않고 합병한다면 아파르트헤이트를 공식화해 민주주의의 성격을 위협할 수 있었다. 이스라엘 사회학자 사미 스무하는 이를 '민족적 민주주의(Ethnic democracy)'라고 표현했다. 이 딜레마를 해결하기 위해 모색한 방안이 '알론 계획'이었다. 1967~1968년 심사숙고 끝에 이 계획을 구상해낸 부총리 이갈 알론의 이름을 딴 알론 계획은 장기적으로 요르단 계곡과 요르단강 서안지구에서 팔레스타인 인구가 적은 지역을 점령하고, 인구 밀집 지역의 통제권을 하심 가문에 반환한다는 방안을 검토했다.

이 계획에 반대한 리쿠드는 알론 계획에서 검토한 유다와 사마리아(성경에서 요르단 서안지구 일부가 속한 곳을 일컫는 지명)에 국한하지 않고, 1967년 점령한 두 영토를 합병하고 이 목적을 달성하고자 완전한 식민지화를 위한 시도를 계속했다. 리쿠드는 1977년 선거에서 승리했고, 이스라엘 국가 건국 후 30년도 안 돼 시온주의 극우파가 정권을 잡았다. 이후 극우파는 거의 46년 내내 정권을 유지했고, 16년 이상 네타냐후가 당을 이끌면서 더욱 극단적인 우파로 기울었다.

1987년 말, 제1차 인티파다라는 이름으로 알려진 팔레스타인 민중 봉기가 일어나면서 리쿠드의 헤게모니와 '대이스라엘'에 대한 전망도 불투명해졌다. 1992년 이츠하크 라빈이 이끄는 노동당이 재집권하면

무제 <사라진 장미> 시리즈, 2015 - 타이시르 바트니지

타이시르 바트니지
여기에 실린 삽화 대부분은 타이시르 바트니지의 작품이다. 1966년에 가자지구에서 태어난 그는 나블루스에 위치한 알나자대학교에서 예술을 공부한 뒤 1990년대 중반부터 프랑스에서 공부를 계속했다. 전 세계적으로 인정받는 그는 팔레스타인과 세계를 비극적으로 재현함으로써 시적 시선을 불어넣고자 한다. 그는 <르몽드 디플로마티크>의 '여행 동반자'이기도 하며, 초기 작품들 중 하나를 같은 제목으로 발표했다.

서, 그 어느 때보다 1967년의 알론 계획을 재개하려는 단호한 움직임을 보였다.

1988년 요르단 왕조는 요르단강 서안지구 행정에서 공식적으로 물러났고, 인티파다가 한창이던 때 팔레스타인해방기구(PLO)가 대신 교섭 상대자로 나섰다. 팔레스타인 중앙 지도부는 1967년에 점령된 팔레스타인 영토 전역에서 이스라엘군의 최종적 철수와, 유대인 정착촌 확장을 중단하는 것에서 시작해 궁극적으로는 정착촌 해체를 위한 필수 조건을 잠정 포기하기로 했다. 이렇게 해서 당시 미국 대통령 빌 클린턴의 중재로 1993년 9월, 라빈과 야세르 아라파트가 워싱턴에서 서명한 오슬로 협정이 체결됐다.

1996년 리쿠드는 네타냐후의 지휘 아래 재집권했으나, 3년 뒤 에후드 바라크가 이끄는 노동당에 또다시 패했다. 네타냐후는 물러나야 했고 당대표는 아리엘 샤

론으로 교체됐다. 2000년 가을 아리엘 샤론이 예루살렘의 이슬람 성지 알 아크사 사원을 방문하자 이를 계기로 제2차 인티파다가 일어났고, 그는 2001년 리쿠드를 승리로 이끌었다. 2005년 샤론은 가자지구에 건설된 정착촌 몇 곳을 해체하고 이곳에서 이스라엘의 일방적 철수를 단행했다. 인구가 밀집한 이 지역을 통제하는 데 어려움을 겪고 있던 이스라엘 군인들은 이 조치에 만족했다. 샤론은 알론 계획이 그리는 옵션을 극단적이고 일방적으로 추구하면서, 요르단강 서안지구를 가능한 한 넓게 병합하는 데만 관심이 있었다.

이스라엘, 나치의 만행을 재현하려는가?

샤론 총리 내각에서 재무장관에 임명된 네타냐후는 그 후 가자지구 철수에 항의하며 사임했다. 그는 리쿠

무제 <사라진 장미> 시리즈, 2015 - 타이시르 바트니지

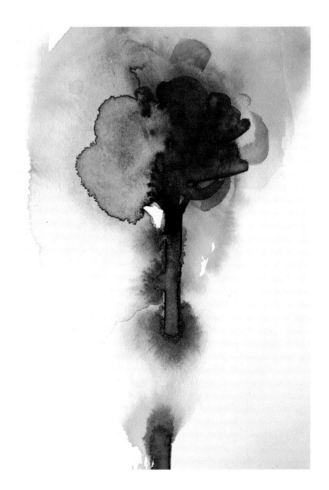

드의 가장 이념화된 기반과 정착민 운동을 살살 자극하면서 안보상의 이유를 들먹였다. 소속 정당과 관계가 껄끄러워진 샤론은 네타냐후에게 당대표 자리를 넘겨주고 2005년 가을에 당을 떠났다. 2009년 총리가 된 네타냐후는 2021년 6월까지 총리를 연임하며 벤구리온의 종전 기록을 갱신했다. 그는 쇼아(홀로코스트) 역사학자인 다니엘 블라트만이 이스라엘의 주요 일간지 〈하레츠〉에서 심지어 '신(新)나치'라고 규정한 두 시온주의 극우 종교 정당과 연정을 구성해 2022년 12월 다시 총리에 올랐다.

이타마르 벤그비르가 이끄는 오츠마 예후디트(유대인의 힘) 당은 초민족주의자인 메이르 카하네가 세운 극우정당 카흐의 사상적 후계로 여겨진다. 메이르 카하네는 아랍인을 '이스라엘 땅' 밖으로 즉각 '이동'시켜야 한다고 주장했다. 이는 곧 지중해와 요르단 사이에 있는 영토 전체에서 인종 청소를 하겠다는 뜻이었다. 종교적 시온주의 정당 대표인 베잘렐 스모트리치는 크네세트(이스라엘 최고 권력기관) 소속 두 아랍 출신 의원에게 다음과 같이 발언함으로써 2021년 10월 헤드라인을 장식했다.

"벤구리온이 일을 끝내지 않고 1948년에 당신들을 추방한 것은 실수였다."

이처럼 현 이스라엘 정부는 1967년에 점령한 영토를 합병하고 원주민을 추방해 대이스라엘 계획을 실현하려는 열망에 들뜬 자들이 장악하고 있다. 정상적인 시기라면 이 계획이 성공을 보장할 수 없는 장기적인 절차를 통해서만 실현될 수 있다는 점을 제외하면, 요르단강 서안지구는 정착촌 확장과 원주민 학대를 통해 서서히 합병 수순을 밟고 있다. 이 두 현상은 극우 정부가 들어서고 가자지구의 경제 상황이 마비되면서 눈에 띄게 심해졌다.

클린턴에게 이라크를 침공하라고 촉구했으나 이 계획을 냉정하게 실현할 수 없었던 인물들이 대거 포진해 있던 미국의 조지 W. 부시 행정부처럼, 극우 세력에는 어떤 강력한 정치적 기회가 필요했다. 지난 2023년 10월 18일 조 바이든 미국 대통령이 연대 차원에서 이스라엘을 방문했을 때 한 연설 내용 중 네타냐후가 강조한 것

완곡어법

독일의 올라프 숄츠 총리는 지난해 11월 18일 베냐민 네타냐후 이스라엘 총리와의 전화 통화에서, 이스라엘 정부의 무차별 폭격으로 1만 2,000명 이상이 목숨을 잃은 가자지구에서 "인도적 상황을 개선하는 것이 시급하다"고 말했다. 이틀 전 미국 채널 〈CBS 뉴스〉의 질의에 대해 네타냐후는 이렇게 설명했다. "우리가 하려는 일은 민간인 희생자 수를 최소화하는 것이다. 안타깝게도 우리의 노력은 성공을 거두지 못했다." **LD**

번역·조민영
번역위원

처럼, 2001년 9월 11일 테러와 10월 7일 하마스가 개시한 작전 사이의 유사성은 정치적 기회라는 점에서 관련이 깊다. 극우파 전체는 그들의 팽창주의 구상을 밀어붙이기 위해 즉시 '알아크사 홍수' 작전을 활용했다.

이스라엘 군대는 이 돌발사건에 대비하지 못한 게 분명했다. 10월 7일 작전에 대응하는 전쟁 계획은 틀림없이 서둘러 수립됐을 것이고, 그 때문에 가자지구 내 지상공격 개시가 지연됐을 것으로 보인다. 하마스 작전과 10월 27일 공격 개시 사이 3주라는 시간은, 지상공격 시 이스라엘 군인의 희생을 최소화하기 위해 도시에 집중 폭격을 가하는 데 사용됐다. 그 결과 팔레스타인 민간인이 가장 많이 희생됐고, 그중에서도 단연 아동이 큰 비중을 차지했다.

이스라엘 정부는 10월 11일에 수립된 전쟁 내각과 더불어 민간인의 운명에 대해서는 크게 고려하지 않는다는 방침을 공유했고, 정부의 이런 의도는 리쿠르의 '온건파' 당원이자 네타냐후의 라이벌인 요아브 갈란트 국방부 장관을 통해 극히 노골적으로 드러났다. 그는 적을 '인간 짐승'이라고 표현하며 10월 9일 가자지구에 대한 완전 포위 명령을 내렸다고 발표했다. 이후 정부 인사와 이스라엘 정계 및 학계의 유력 인사들 쪽에서 비슷한 유

형의 발언이 쏟아졌다. 주로 프랑스 및 유럽 출신 변호사 300명으로 구성된 한 단체는 지난해 11월 9일 국제형사재판소(ICC)에 이스라엘을 의도성이 내포된 '가자지구 학살 범죄'로 제소했다.

가자지구 민간인에 대한 세 가지 시나리오

이 제소는 현재 진행 중인 이스라엘 내 가자 주민의 대규모 이동으로 촉발된 '인구 이동'과 관련이 깊다. 의도성은 여기서 더 분명해진다. 지난 2023년 10월 7일 이후, 이스라엘 첩보부(또 다른 리쿠드 소속 의원인 길라 감리엘이 이끌고 있으며, 모사드의 국외 활동과 샤바크의 국내 활동 조율을 맡고 있다)는 가자지구 관련 계획 구상에 착수했다. 10월 13일 마무리된 이 계획은 2주 뒤, 이스라엘 내 반체제 언론 〈메코미트〉에 "가자지구 민간인에 관한 정책 옵션"이라는 제목으로 공개됐다.

여기에는 세 가지 시나리오가 있다. 첫째, 가자지구 주민은 지구 내에 남아 팔레스타인 당국의 통치를 받는다. 둘째, 그들은 지구 내에 남되 이스라엘이 설치한 임시 지방 당국의 통치를 받는다. 셋째, 그들은 가자를 비우고 시나이반도의 이집트 사막으로 대피한다.

이 문건은 첫 번째와 두 번째 옵션에 상당한 단점이 있고, 둘 다 장기적으로는 충분한 '억제 효과'를 기대하기 힘들다고 본다. 세 번째 옵션은 "이스라엘에 장기적으로 긍정적인 전략적 결과를 가져올" 것이며, '정치적 단계'에서 국제사회의 압력에 맞서 결단력을 보여주고 미국 및 다른 친이스라엘 정부들의 지지를 확보한다면 '실행 가능한 것'으로 판단한다. 이어서 문건은 세 가지 방안 각각을 상세히 설명한다.

정보부에서 우선순위를 두고 있는 세 번째 시나리오는 가자지구 민간인을 전투지역 밖으로 이동시킨 뒤 이들을 이집트의 시나이반도로 이주시키는 것에서 시작

"강제수용소는 국제법으로 금지돼 있으며, 강제수용소를 만드는 자는 반인류 범죄자가 된다."

콜롬비아 최초의 좌파 대통령 구스타보 페트로가 한 이 말은 2023년 10월 9일 X(트위터의 새 명칭)에서 주목을 받았다. 이틀 전 그는 '러시아의 우크라이나 점령'과 '이스라엘의 팔레스타인 점령'을 대하는 서구 강대국들의 온도 차를 지적했다. 10월 8일 아침 발표된 콜롬비아 외교 관련 첫 보도자료 도입부에는 "이스라엘과 팔레스타인의 대화"에 호소하고 있다. 콜롬비아는 하마스의 이스라엘 민간인 공격을 비난하면서도 그들을 '테러리스트'라고 부르지는 않았다. 동시에 콜롬비아는 팔레스타인 민간인에 대한 공격도 규탄했다.

이스라엘 국방부 장관 요아브 갈란트가 10월 9일 "인간 짐승에 맞서 싸우고, 그에 따라 행동할 것"이라면서 가자지구 포위 공격을 발표하자, 페트로는 이렇게 반박했다. "그것은 바로 나치가 유대인에게 한 말이다. 민주주의 국가의 국민은 나치즘이 국제정치 무대에 다시 나오는 것을 용납할 수 없다. 이스라엘인과 팔레스타인인은 국제법의 적용을 받는 인간이다. 이런 야만적인 발언은, 홀로코스트를 부를 뿐이다."

보고타 주재 이스라엘 대사 갈리 다간은 페트로 대통령에게 자신과 함께 아우슈비츠 강제수용소를 방문하자고 제안했다. 이에 중남미의 대통령은 이번에도 트위터를 통해 "나는 이미 그곳에 다녀왔고 (...) 지금은 가자지구의 강제수용소를 살펴보고 있다"고 답했다. 그러면서 이스라엘 총리가 콜롬비아 국가원수를 '적대적'이고 '반유대주의적'이라고 규정하며 콜롬비아 대사를 위협적으로 소환한 일에 대해 그는 이렇게 경고했다. "우리가 이스라엘과 관계를 단절해야 한다면 우리는 단절할 것이다. 콜롬비아 대통령은 모욕당하지 않는다."(X, 10월 15일).

11월 10일 학살의 강도와 규모가 심화되고 가자지구 내 병원들이 폭격을 당하자, 페트로는 콜롬비아 정부 법무팀이 모든 국제법원에서 이스라엘을 기소할 준비를 하고 있다고 발표했다. 11월 13일 그는 X에서, 콜롬비아는 유엔 총회에서 비회원 옵서버 자격에 그치고 있는 팔레스타인이 "정당한 권리를 누리는 국가로 인정받아야 한다"라는 내용의 제안서를 제출할 것이라고 발표했다. **LD**

번역·조민영
번역위원

한다. 우선, 국경 양쪽에 보안 구역을 유지하고 난민들은 텐트에서 지내게 될 것이다. "그다음 단계에는 가자지구 민간인을 지원하기 위한 인도주의 구역을 만들고 그들이 이주해 정착할 시나이반도 북부지역에 도시를 건설하는 계획이 포함될 것이다."

이어서 문건에는 가자지구 주민을 이주시킬 방법에 대한 설명이 나온다. 가자지구 전체를 점령할 때까지 북부에서 시작될 지상공격 루트를 열기 위해 가자 북부를 집중 공습하는 동시에, 무력 충돌 지역에서 비전투원을 대피시키라고 권고한다. 그러려면 유일하게 이집트 국경 초소가 위치한 "라파 쪽으로 민간을 대피시킬 수 있도록 남쪽 루트는 열어두는 것이 중요하다." 문건은 이 옵션이 특히 아프가니스탄, 시리아, 우크라이나 전쟁에서처럼 대규모 인구 이동이 일반화되는 전 세계적 상황의 일부라고 언급했다.

이 정보부 문서가 완성된 지난해 10월 13일, 이스라엘군은 가자지구 주민들에게 남쪽으로 대피할 것을 촉구했다. 10월 30일 〈파이낸셜타임스〉는 난민들이 가자에서 시나이반도로 넘어가는 길을 열어주도록 이집트에 압력을 가하기 위해 네타냐후가 유럽 정부들과 접촉했다는 내용을 보도했다. 이 관점은 10월 26~27일에 열린 유럽 정상회담의 일부 참석자들에게 지지를 받았으나, 프랑스, 독일, 영국 정부는 비현실적이라고 판단했을 것이다.

그러나 이스라엘 정보부에 따르면, 이집트는 국제법에 따라 민간인 통과를 허용할 의무가 있다. 이집트는 협력의 대가로 현재의 경제위기를 완화할 재정적 지원을 받게 될 것이다. 그러나 국내총생산(GDP)의 10%에 맞먹는 엄청난 부채를 떠안고 있으면서도, 이집트 대통령 압델 파타 알시시는 이집트 영토로 가자지구 주민이

무제 <사라진 장미>, 시리즈, 2015 - 타이시르 바트니지

이동하는 것을 완강히 반대해왔다. 그의 정부는 "이집트를 희생해 팔레스타인이라는 원인을 청산하는 데 반대한다"라고 주장하는 포스터 캠페인까지 조직했다.

이집트가 주민 이주를 거부하는 이유는 물론 이런 명분을 고수해서가 아니다. 이집트 대통령은 10월 18일 독일 총리 올라프 숄츠가 그의 의사를 묻기 위해 카이로를 찾았을 때 그 이유를 공개적으로 표명했다. 알시시 대통령은 가자지구 주민의

시나이반도 이주가 이집트를 "이스라엘에 맞서는 작전 개시의 전초 기지"로 만들어 양국 관계를 위험에 빠뜨릴 것이라고 강조했다. 이집트 정부는 현재 전쟁으로 팔레스타인 문제가 달아오른 만큼, 그것이 얼마나 위험한지 잘 알고 있다. 마찬가지로 10월 7일 이후 요르단강 서안지구에서 이스라엘 정착민에 의한 학대와 이스라엘군 작전의 강도가 심각해지자, 이에 놀란 요르단 정부는 팔레스타인인들이 요르단강 너머로 이동하

는 것을 경계했다.

그럼에도 가자지구 주민 이주를 지지하는 이스라엘인들은 침략군의 압박을 피해 도망치는 주민 대규모 인구가 이집트 국경으로 몰려 이집트 국경수비대도 어쩔 수 없이 통과시킬 것으로 기대할 수 있다. 더욱이 이집트의 거부로 11월 19일 정보부 장관 감리엘은 이스라엘 내 가자지구 재건축을 위한 기금을 모금하는 대신, 가자지구의 팔레스타인인을 받아들이고 전 세계에 '자발적 재정착'을 위해 재정적인 지원을 해달라고 국제사회에 호소할 수 있었다.

이스라엘 지지는
왜 무책임한 짓인가?

그러나, 미국 정부는 팔레스타인인을 가자지구 밖으로 이주시키는 것에 단호히 반대해왔다. 미국의 관료들은 이스라엘이 벌인 전쟁을 전폭적으로 지지하는 한편, 팔레스타인 주민을 이집트로 강제 이주시키는 것을 포함해 팔레스타인을 장기 재점령하는 방안에 대해 동맹들에 경고하는 성명을 수차례 발표했다. 10월 15일 미국 CBS 채널과의 인터뷰에서 미국 대통령은 하마스를 소탕하려면 이스라엘이 가자지구를 침공할 수밖에 없다는 것을 인정하면서도, 가자지구 재점령에는 반대한다고 분명히 밝혔다. 이런 이유로 몇몇 서방국가들과 마찬가지로 미국 정부는 하마스 소탕이라는 이 마지막 목표를 달성할 때까지 휴전 요구

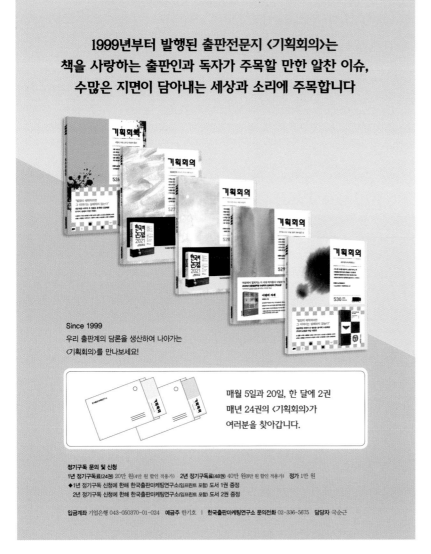

를 거부했다.

요약하면, 미국 정부와 그 동맹들은 하마스를 뿌리 뽑기 위해 가자지구의 임시 점령을 승인했으나, 이후 이스라엘 군대가 철수하기를 원한다. 미국 정부가 지지하는 방안은 오슬로 협정으로 시작됐고, 세기 전환기에 일어난 제2차 인티파다 이후 중단됐던 절차를 재개하는 것이다. 〈CBS〉 방송에서 바이든 미 대통령은 "팔레스타인 국가는 존속해야 한다"고 단언했다. 그러기 위해 그는 라말라에 있는 팔레스타인 당국이 가자지구의 권력을 다시 손에 쥐기를 희망한다.

11월 18일 〈워싱턴포스트〉에 실린 한 기사에서, 미국 대통령은 가자지구와 요르단강 서안지구가 '되살아난' 팔레스타인 정부 아래 통합되기를 촉구하는 '두 국가 해법'을 선호한다는 점을 재확인했다. 이 해법은 서구의 대다수 정부들뿐만 아니라 러시아와 중국 및 대부분의 아랍 국가도 환영한다. 이스라엘이 가자지구 내 안보를 '무기한' 책임질 것이라는 네타냐후의 발언을 승인한 일부 이스라엘 야당도 이 해법을 지지한다. 전쟁 내각 참여를 거부한 현 이스라엘 야당 대표 야이르 라피드 역시 같은 입장을 표명했다.

오슬로 협정의 절차를 재개하고 팔레스타인 국가를 수립하는 방안은 이스라엘의 발표와 명백히 모순된다는 점에서 실효성이 없음을 분명히 알 수 있다. 더욱이 오슬로 협정이라는 틀 안에서 수립된 팔레스타인 국가는 이스라엘의 뜻에 복종하는 블랙스테이트(남아프리카공화국 내 흑인 분리 거주지역-역주)에 지나지 않는다. 즉, 이 국가는 1967년에 점령된 영토에서 이스라엘이 완전 철수하고, 정착촌을 해체하며, 난민 귀환을 위한 조치를 취한다는 최소한의 조건과는 거리가 멀었고, 팔레스타인인들은 이 조건이 아니면 어떤 평화적 규칙도 받아들일 수 없었다. 이 조건들은 이스라엘 감옥에 투옥된 팔레스타인 수감자들이 2006년에 작성한 문서에 명시돼 있으며, 팔레스타인해방기구와 하마스를 포함한 거의 모든 팔레스타인 정치조직의 승인을 받았다.

팔레스타인인들이 일찍이 예상했고 이스라엘 정치인들이 공개적으로 발표한 것처럼, 현재 진행 중인 전쟁이 결국 이집트 영토로 들어오는 난민 문제나 적어도 가자지구 남부 난민촌에 있는 '국내 이주민' 문제와 더불어, 실제로 새로운 나크바로 이어질 것이라는 우려가 훨씬 크다. 더욱이 가자지구에 있는 하마스처럼 민간인 사이에 뿌리 내린 조직을 근절하려는 목적 자체가 대규모 학살 없이는 불가능하다는 것이 분명하다.

이 모든 상황으로 봤을 때, 서구 국가들이 앞 다투어 이스라엘에 무조건적인 지지를 표명하는 것이 얼마나 무책임한 일인지 알 수 있다. 이런 행보는 그들의 이익과 안보에 반드시 해를 끼치는 결과로 이어질 것이다. 그러나 가자지구의 실제 최종전은 지상전의 전개와, 이스라엘에 대한 국제사회의 압박에 의해 결정될 것이다. **LD**

글·질베르 아슈카르 Gilbert Achar
런던대학교 SOAS 국제관계 및 개발학 교수

번역·조민영
번역위원

"필요하다면 이스라엘과의 관계를 단절할 것"

가자지구 편에 선 라틴아메리카

"역사는 방관자들을 용서하지 않을 것이다."
미겔 디아스카넬 쿠바 대통령은 이스라엘의 가자지구 공격에 대해 이렇게 경고했다. 라틴아메리카는 팔레스타인에서 약 1만 킬로미터 떨어져 있다. 그러나 쿠바에서 칠레에 이르기까지, 라틴아메리카 국가들은 근동지역에서 다시 불거진 폭력 사태에 대해 이례적으로 강경한 태도를 보이고 있다.

메리엠 라리비 ▮기자

"국제법은 강제수용소를 금지하며 강제수용소를 건설하는 이들을 반인도적 범죄자로 규정한다." 콜롬비아 최초의 좌파 대통령 구스타보 페트로가 2023년 10월 9일 X(구 트위터)에 올린 글은 큰 주목을 받았다. 이 글을 게재하기 이틀 전 페트로 대통령은 "러시아의 우크라이나 점령"과 "이스라엘의 팔레스타인 점령"에 대한 서구 열강의 태도 차이를 지적하기도 했다.

"이스라엘은 나치와 같은 짓을 하고 있다"

그 해 10월 8일 아침, 콜롬비아 외교부는 이스라엘-팔레스타인 분쟁 재발 이후 처음으로 입장을 밝혔다. "이스라엘과 팔레스타인의 대화"를 촉구하는 내용으로 시작한 이 성명서는 이스라엘 민간인에 대한 폭력 행위를 규탄했지만 하마스를 "테러리스트"로 규정하지는 않았다. 콜롬비아는 팔레스타인 민간인에 대한 공격도 동시에 비난했다.

이어 10월 9일, 요아브 갈란트 이스라엘 국방장관은 가자지구 봉쇄를 선언하며 이스라엘은 "인간의 탈을 쓴 짐승과 싸우고 있으며 그에 상응하게 대응할 것"이라고 강조했다. 이에 대해 페트로 대통령은 "나치가 유대인에 대해 한 발언들과 같다. 민주주의 국민은 나치즘이 국제 정치에 다시 자리 잡는 것을 용납할 수 없다. 이스라엘인과 팔레스타인인은 똑같이 국제법의 적용을 받는 인간이다. 이런 혐오 발언이 계속된다면 홀로코스트로 이어질 뿐"이라고 반박했다.

갈리 다간 콜롬비아 주재 이스라엘 대사는 페트로 대통령에게 아우슈비츠 강제수용소를 방문해 볼 것을 제안했다. 페트로 대통령은 X에서 "이미 가본 적이 있으며 (...) 이 수용소가 가자지구에 다시 재현되는 상황을 지켜보는 중"이라고 응수했다.

이스라엘 총리는 페트로 대통령의 발언을 "적대적이고 반유대적"이라고 평가하며 이스라엘 주재 콜롬비아 대사를 초치했다. 이에 대해 페트로 대통령은 "필요하다면 이스라엘과의 관계를 단절하겠다. 콜롬비아 대통령은 모욕을 참지 않는다"라고 경고했다.(X, 10월 15일) 이후 학살의 강도와 규모가 확대되고 가자지구 내 여러 병원이 폭격을 당했다. 페트로 대통령은 11월 10일 콜롬비아 정부 법무 부처가 이스라엘을 모든 국제 법원에 고소하는 소송을 준비하고 있다고 발표했으며 11월 13일에는 X를 통해 "팔레스타인을 정식 회원국으로 인정하도록 유엔(UN)에 제안할 것"이라고 밝혔다. 콜롬비아의 이처럼 강경한 태도는 놀라움을 자아낸다. 라틴아메리카는 다른 지역들과 달리 한 목소리로 팔레스타인을 지지

この大地を守り
権力に牙を剥く！

¡GUARDIA GUARDIA!
¡FUERZA FUERZA!

コロンビア警察へ
勇敢に立ち向かう
戦線の同志たちに
力を！

打倒！
新自由主義
グローバリズム

SOLIDARIDAD MUNDIAL

先住民解放！

POR MI RAZA,
POR MI TIERRA

콜롬비아와 팔레스타인 간의 결속을 다지는 포스터, 2021년 코헤이 우라카미와 타케토 이케가미 제작, 배급업체들 중 한 곳의 인터넷 사이트 설명.

하는 차별화된 입장으로 또다시 눈길을 끌었다.

같은 해 10월 31일, 이스라엘은 가자지구 북부의 자발리아 난민 캠프를 공습했다. 이후 이스라엘 주재 자국 대사를 소환한 라틴아메리카 국가는 콜롬비아만이 아니었다. 벨리즈와 칠레도 자국 대사를 소환

했으며 볼리비아는 이스라엘과의 외교관계를 단절하기까지 했다. 볼리비아는 에보 모랄레스 대통령 시절(2006~2019)인 2009년 이미 한 번 이스라엘과 단교한 바 있으며 2019년 쿠데타로 모랄레스 대통령이 물러나고 독재자 자니네 아녜스가 정권을 잡으면서 이스라엘과의 관계를

회복했다.

이틀 뒤인 11월 2일 온두라스 역시 이스라엘 주재 자국 대사를 소환했다. 만약 이미 오래전 이스라엘과 외교관계를 단절하지 않았다면 쿠바와 베네수엘라 역시 그 뒤를 따랐을 것이다. 사회주의 국가인 쿠바와 베네수엘라는 가장 강한 어조로 이스라엘을 규탄하고 있다. 2023년 11월 1일, 타우피크 타하니 프랑스 팔레스타인연대협회 명예회장은 X에 "아랍연맹(AL)에서 아랍 국가들을 퇴출시키고 칠레, 볼리비아, 콜롬비아로 대체해야 한다"라는 글을 올렸다.

유대인 인구의 비중이 높아 상대적으로 온건한 입장을 유지했던 아르헨티나 역시 (10월 7일 하마스의 공격으로 자국민 9명이 사망하고 21명이 인질로 붙잡혔음에도 불구하고) 이스라엘의 공습을 규탄했다. 페루와 멕시코도 마찬가지다. 브라질, 콜롬비아, 볼리비아, 칠레, 아르헨티나는 가자지구를 위한 인도주의적 지원 계획을 발표했다. 여전히 극심한 경제 위기에 시달리는 베네수엘라 역시 팔레스타인에 30톤의 구호품을 지원했다.

라틴아메리카 대륙에 거주하는 팔레스타인인은 60만~100만 명으로 추산된다. 특히 칠레에는 근동지역 외 최대 규모의 팔레스타인인 공동체(35만~40만 명)가 존재한다. 파나마를 제외한 모든 라틴아메리카 국가는 팔레스타인을 국가로 인정한다. 독특한 경우에 속하는 멕시코는

팔레스타인을 국가로 인정하지는 않지만 멕시코에는 모하메드 사다트 팔레스타인 대사가 주재 중이며, 요르단 강 서안지구 팔레스타인 행정수도인 라말라에는 멕시코 대표부가 있다.

쿠바-팔레스타인 vs. 미국-이스라엘

이번 전쟁이 발발하기 전까지 대다수의 라틴아메리카 국가들은 이스라엘과 외교관계를 유지했다. 과거 쿠바는 팔레스타인 탄압을 기탄없이 규탄하면서도 역사적으로 유대인이 겪은 고통을 감안해 이스라엘의 존재를 합법으로 인정한 적이 있다. 하지만 10년 이상 고심한 끝에,(1) 쿠바는 1973년 이스라엘과 단교했으며 제4차 중동전쟁인 '욤키푸르 전쟁' 당시 시리아군을 지원하기 위해 골란 고원에 군대를 파견하기까지 했다.

사회주의 혁명세력이 집권하기 전부터 쿠바는 이미 아메리카 대륙에서 유일하게 1947년에 수립된 팔레스타인 분할안에 반대하고 팔레스타인 침탈에 항의한 국가였다. 1992년 이후 미국의 편에 선 이스라엘은 쿠바에 대한 미국의 금수 조치를 규탄하는 유엔 총회 결의안 표결에서 매번 반대표를 던졌다. 가장 최근인 2023년 11월 2일 개최된 유엔 총회에서는 31회 연속으로 절대다수인 187개국이 대(對)쿠바 금수 조치 해제에 찬성했다. 표결에 기권한 우크라이나를 제외하면 반대표를 던진 국가는 미국과 이스라엘뿐이었다.

베네수엘라는 우고 차베스 대통령 시절인 2009년 이스라엘과 단교했다. 당시 가자지구에서는 1년간 전쟁이 이어졌고 1,000명 이상의 팔레스타인인이 사망했다. 차베스 대통령은 한편으로는 베네수엘라가 테러를 지원한다고 비난하면서 다른 한편으로는 이스라엘의 테러를 지원하는 미국 정치의 '이중성'을 규탄했다. 그는 또한 이스라엘 대외정보국 모사드(MOSSAD)가 자신의 암살을 시도하고 있으며 이스라엘이 베네수엘라 야당을 지원한다고 비난했다.

10년 후인 2019년, 야당 출신 후안 과이도가 자신이 임시 대통령이라 선언하자, 이스라엘은 자국 내 베네수엘라 대사관 개설을 승인했다. 같은 해 베네수엘라 정부는 "이스라엘의 테러리스트" 단체가 니콜라스 마두로 현 베네수엘라 대통령 암살계획에 가담했다고 비난했다. 10월 15일, 구스타보 페트로 콜롬비아 대통령은 X에서 이스라엘 출신 야이르 클레인과 라파엘 에이탄을 거론했다. 페트로 대통령은 이들이 콜롬비아에서 학살을 촉발시켰다고 비난하며 "언젠가 이스라엘 군대와 정부가 자국 군인들이 콜롬비아에서 저지른 일에 대해 사죄할 날이 올 것"이라고 덧붙였다. 역대 콜롬비아 우파 정부는 안보 및 국방 분야에서 이스라엘과 오랜 협력관계를 유지했다. 이스라엘군은 교관을 파견해 콜롬비아군(EJC)의 특수부대를 훈련시켰다.(2)

이스라엘에서 모사드의 '일류 스파이'로 불리는 라파엘 에이탄은 비르힐리오 바르코 바르가스 전 콜롬비아 대통령(1986~1990년)이 주도한 계획의 배후로 지목된 인물이다.(3) 1985년, 콜롬비아무장혁명군(FARC)과 공산당은 정부와 협상한 평화안에 합의하고 애국연합을 창설했다. 바르가스 대통령의 특별 고문으로 활동한 에이탄은 애국연합 당원 6,000여 명을 학살한 계획을 설계한 혐의를 받았다.(4)

야이르 클레인은 이스라엘군 중령 출신으로 콜롬비아에서 용병회사를 운영하며 마약밀매조직과 협력한 인물이다. 2001년, 콜롬비아 법원은 궐석재판을 열어 "군사적 테러의 전술, 기술, 방법을 교육 및 훈련시키고 용병을 개입시켜 테러를 더욱 악화시켰으며 범죄 음모를 꾸민 혐의"로 클레인에게 징역 10년 8개월을 선고했다. 또한 콜롬비아 사법당국은 1980년대부터 암살부대를 조직해 대지주와 정치인, 콜롬비아연합자위대(AUC)의 사주를 받은 혐의로 클레인을 기소했다. AUC는 민간인에 대한 대규모 잔학 행위로 지탄받는 준군사조직이자 마약밀매조직이다. 1985~2005년, AUC의 민간인 탄압으로 발생한 사망자 및 이주민 수는 각각 7만 명, 300만 명에 달한다. 이스라엘은 클레인의 신병 인도를 거부했다. 자국에서 여생을 보내고 있는 클레인은 자신이 콜롬비아에서 벌인 활동은 이스라엘과 콜롬비아 정부의 사전 승인을 거쳤다고 주장했다.(5)

침탈을 합리화하는 이스라엘의 복음주의

오늘날 이스라엘은 복음주의를 통해 라틴아메리카에서의 정치적 영향력을 확대하고 있다.(6) 복음주의는 2020년 기준 라틴아메리카에서 1억 3,300만 명의 신도를 보유한 개신교의 한 갈래다. 복음주의 신도들은 모든 유대인이 이스라엘 땅에 정착해야 예루살렘 성전을 재건하고 그리스도가 재림할 수 있다는 종교적 믿음을 바탕으로 이스라엘 지지를 핵심 대의로 내세운다. 최근 전례 없는 확장세를 보이는 이 "기독교적 시온주의"는 라틴아메리카에서 상당한 영향력을 행사하고 있다. 복음주의 운동은 2018년 자이르 보우소나루의 브라질 대통령 당선에도 큰 역할을 했다. 그렇다면 루이스 이그나시오 룰라 다 실바 현 브라질 대통령이 팔레스타인 지지를 망설이는 이유도 자국 내 복음주의의 정치적 영향력 때문일까?

룰라 대통령이 공인된 국제주의자라는 점을 고려할 때, 가자지구 전쟁에 대한 브라질의 반응은 때때로 예상 밖이었다. 룰라 대통령은 서구 국가들과 한 목소리로 하마스의 '테러' 공격을 규탄함과 동시에 '두 국가 해법'을 위한 협상을 촉구했다. 현재 교착 상태에 빠진 '두 국가 해법'은(7) 대다수 라틴아메리카 국가가 폭력의 악순환을 끊을 해결책으로 지지하는 방안이다. 10월 유엔 안전보장이사회 순번제 의장국을 맡았던 브라질은 현재 안보리 상임이사국에 입후보한 상태다.

10월 18일, 브라질은 "인도주의적 전투 중단"을 요구하는 소극적인 입장의 결의안을 제출했다. 이 결의안은 예상대로 미국의 통상적인 거부권 행사에 가로막혔다. 그 사이 이스라엘은 이미 16년간의 봉쇄와 3차례의 전쟁을 겪으며 모든 부분에서 질식상태에 처한 가자지구를 또다시 포위 및 포격했으며 수도, 식량, 전기, 연료 공급 차단했다. 브라질이 제안한 결의안은 "하마스의 추악한 테러공격"과 민간인 인질 납치를 비롯해 "민간인에 대한 모든 형태의 폭력 및 적대행위와 테러 행위"를 규탄했다. 하지만 이 결의안에는 룰라 대통령이 X에 올린 글에서 촉구했던 휴전을 요구하는 내용은 빠져있다.

그러나 10월 25일, 룰라 대통령은 기자들 앞에서 팔레스타인인에 대한 '학살'을 언급하기 시작했다. 브라질의 안보리 순번제 의장국 임기 종료를 앞둔 시점이었다. 10월 27일, 〈르몽드〉는 "유엔 결의안 채택은 어렵지만 불가능한 일은 아니다. 결의안 채택을 위해 끝까지 노력할 것이다"라는 한 브라질 협상가의 발언을 실었다. "끝까지", 즉 10월 31일까지 결의안 채택을 이끌어내지 못한 룰라 대통령은 하마스를 에둘러 비난했다. 이스라엘의 가자지구 폭격 24일째, 룰라 대통령은 X를 통해 "전쟁을 일으킨 무책임한 자들이 이제 아이들의 죽음을 애도하는 것인가? 이제서야 책임을 통감하는가?"라고 꾸짖었다. '국제사회'로부터 인정받으려면 이 정도 대가는 치러야 하는 것일까? **ID**

글·**메리엠 라리비 Meriem Laribi**
기자. 중남미와 팔레스타인 현안을 주로 보도한다.

번역·김은희
번역위원

---

(1) Éric Rouleau 'L'attitude de Cuba à l'égard du problème palestinien diffère de celle des pays arabes "progressistes" 팔레스타인 문제에 대해 "진보적인" 아랍 국가들과 다른 태도를 보이는 쿠바', <르몽드 디플로마티크> 프랑스어판, 1968년 2월호.
(2) Erich Saumeth, 'Israel capacita a las Fuerzas Especiales del Ejército Colombiano', 2020년 10월 1일, infodefensa.com
(3) Dan Cohen, 'Une nouvelle enquête révèle le rôle d'agents israéliens dans le "génocide politique" en Colombie 추가 조사로 콜롬비아에서 벌어진 "정치적 집단학살"에서 이스라엘 요원의 역할이 밝혀지다', <Mintpressnews>, 2021년 6월 2일.
(4) Luis Reygada, 'Pourquoi le président colombien a accusé Israël d'avoir "suscité des massacres" dans son pays 콜롬비아 대통령이 콜롬비아에서 "학살을 선동"한 혐의로 이스라엘을 비난한 이유', <L'Humanité>, Saint-Denis, 2023년 10월 24일.
(5) Dan Cohen, 'El rol de agetes israelíes en el genocido político colombiano', 2023년 10월 16일, https://misionverdad.com ; Brandon Barret, 'Israeli mercenary Yair Klein trained paramilitary "with the approval of the Colombian authorities"', 2012년 3월 26일, https://colombiareports.com
(6) Akram Belkaïd & Lamia Oualalou, 'Eglises évangéliques, une internationale réactionnaire 기독교 복음주의, 반동적인 초국가기구', <르몽드 디플로마티크> 프랑스어판, 2020년 9월호.
(7) Thomas Vescovi, 'L'échec de la solution à deux États 해법 없는 하마스-이스라엘 전쟁의 뿌리', <르몽드 디플로마티크> 프랑스어판, 2023년 11월호.

존재, 증언, 투쟁을 위한 예술

검열에 저항하는 팔레스타인 예술가들

팔레스타인 예술가들에게 예술은 이스라엘 점령에 저항하는 투쟁수단이다. 이 예술 투쟁의 목표는 팔레스타인 민족의 집단기억을 보존하고, 추방과 강제이주의 해로운 영향력을 상쇄하는 것이다. 그 세계적 명성에도 불구하고, 팔레스타인 예술가들은 예루살렘에서 파리에 이르기까지 검열에 갇혀있다.

올리비에 피로네 ▌기자

<드라이브할까?>, 2002 - 베라 타마리

제 2차(2000~2005) 인티파다(Intifada, '봉기'를 뜻하는 아랍어, 팔레스타인의 반이스라엘 투쟁을 지칭-역주)가 한창이던 2002년 봄, 이스라엘군은 팔레스타인의 저항을 억압하기 위해 요르단강 서안 '자치' 지구(전체 영토의 18%)에서 '방어막 작전'을 개시했다. 이스라엘과 팔레스타인 분쟁에 한 획을 그은 이 공격으로 서안지구에서는 수백 명의 사망자와 막대한 물적 피해가 발생했다. 특히 이스라엘군의 메르카바 전차가 휩쓸고 간 팔레스타인 자치정부의 '수도' 라말라에서는 건축물들은 물론 도로에 세워진 민간 차량들까지 파괴됐다. 이스라엘군의 전차는 이렇다 할 이유 없이 1,000대가 넘는 차량들을, 심지어 구급차들까지 짓밟았다.

이스라엘 전차에 두 번 짓밟힌 도시

팔레스타인 예술가 베라 타마리(1)는 자신의 집 발코니에서 65톤짜리 강철 괴물(탱크)의 암울한 '발레'를 목격했다. 이스라엘의 침공 직후 타마리는 라말라 외곽의 알비레에 '드라이브 할래?(Masheen?)'라는 조롱 섞인 제목의 설치 미술작품을 선보였다. 마을 길을 따라 설치된 부서진 차량들은 이스라엘군의 잔인성을 드러냈다. 그러나, 이 전시는 얼마 가지 못했다. '전시회' 개막일인 2002년 6월 23일, 이스라엘 전차가 들이닥쳐 작품들을 포격했고, 잔해 위를 여러 차례 오가며 산산조각을 낸 것이다. 심지어 이스라엘 군인들은 전차에서 내려 연기가 자욱한 잔해 위에 소변을 갈기기도 했다. 타마리는 군인들 몰래 이 장면을 촬영했다. 마르셀 뒤샹의 열렬한 추종자인 타마리는 이 순간조차 일종의 비통한 예술적 행위로 승화시켰다.(2)

이스라엘 군인들이 타마리의 작품을 파괴한 방식은 야만의 극치다. 1993년 '평화협정' 체결 후 이스라엘은 1967년 정복한 팔레스타인 영토 일부에서 군대를 '철수'했다. 이전까지 이스라엘은 팔레스타인 민중의 저항운동을 전적으로 규제하는 법을 제정해, 팔레스타인 민중의 일상과 예술을 함께 억압했다. 타마리의 작품을 짓밟은 군인들은 아마도 그때를 떠올렸을 것이다. 이스라엘은 예술의 위력을 잘 알고 있었다. 수십 년 동안 식민지 억압으로 고통받는 민족의 기억을 일깨우며, 마음을 움직이는 예술의 힘을 잘 알고 있었다. 팔레스타인의 예술이 이스라엘의 위협 요소가 될 수 있음을 인지했던 것이다.

색상까지 검열 당하는 참여예술

이런 이스라엘의 억압 때문에, 점령 기간 내내 서안지구에 예술가 공식 갤러리는 존재할 수 없었다. 팔레스타인 예술가들은 작품을 전시하려면 이스라엘군의 허가를 받아야 했고, 전시장은 학교, 교회, 시청 등으로 한정됐다. '참여적' 성격이 강한 작품들은 검열 당했다. 게다가 이스라엘 군인들이 전시회장에 난입해 전시를 난

<아무도 우리의 목소리에 귀 기울이지 않는다>, 2022 - 토샤 스티마지

장판으로 만들기도 했다. 마치 이스라엘이 팔레스타인의 영토뿐만 아니라 문화 역시 지배한다는 사실을 상기시키려는 듯했다. 이스라엘 당국은 특정 색상의 시각 예술작품을 면밀히 주시했다. 당시 금지대상이었던 팔레스타인 국기를 구성하는 검은색, 흰색, 녹색, 붉은색뿐만 아니라 팔레스타인의 정체성을 나타내는 다른 상징들도 마찬가지였다. 일부 예술가들은 팔레스타인 국기와 유사한 색 조합을 사용했다는 이유로 이스라엘 당국에 체포되기도 했다.(3)

1993년 서안지구와 가자지구에 팔레스타인 자치정부(PNA)가 수립되면서 팔레스타인 국기는 PNA의 공식기가 됐다. 이스라엘은 이후에도 팔레스타인 국기 사용을 여전히 규제했다. 이스라엘과 동예루살렘에 거주하는 팔레스타인인뿐만 아니라 평화를 지지하는 이스라엘인도 팔레스타인 국기를 시위에 동원하지도, 공공장소에 게양하지도, 착용할 수도 없다. 이를 위반할 시 금고형에 처해진다.(4)

미국에서는 최근 샌프란시스코 현대 유대 미술관이 주최한 전시회 '티쿤:우주와 공동체 그리고 우리 자신을 위하여(Tikkun: For the Cosmos, the Community, and Ourselves)' (2022년 2월~2023년 1월)를 계기로 팔레스타인 국기에 대한 논쟁이 벌어졌다. 미국 조형 예술가 토샤 스티마지(Tosha Stimage)는 이 전시회에서 '아무도 우리의 목소리에 귀 기울이지 않는다(No one is listening to us)'라는 제목의 작품을 선보였다. 세 점의 작품 아래, 팔레스타인에서 흔히 피는 꽃들과 유사한 종이꽃이 꽂힌 도자기 화병이 놓여있다. 화병마다 팔레스타인 국기가 붙어 있다.(5) 스티마지의 작품에 대해, 일부 관람객과 이스라엘 언론은 불편한 심기를 드러냈으나 대다수의 관람객은 높이 평가했다.(6) 2008년 시카고 스퍼투스 유대학 연구소에서 이스라엘인과 팔레스타인인이 생각하는 조국의 개념을 주제로 한 전시회가 열렸었는데, 그때는 정반대 상황이 펼쳐졌었다. 연구소 문화 센터는 개막 몇 주 만에 전시회를 종료해야 했다. 지역 유대인 공동체가 팔레스타인 국기와 팔레스타인 주민들의 사진 전시에 강한 분노를 표명했기 때문이었다.

팔레스타인 예술을 향한 서구의 차가운 시선

팔레스타인 예술에 대한 논란은 프랑스도 예외가 아니다. 2013년 여름, 죄드폼 국립미술관에서 팔레스타인 사진작가 아흘람 시블리의 전시회 '유령의 집(Foyer fantôme)'이 열렸다. 이 전시회는 극우성향으로 유명한 프랑스 유대인 기관 대표 협의회(CRIF)의 강한 반발을 샀다. 서안지구와 가자지구에서 흔히 볼 수 있는 제2차 인티파다 사망자의 사진들로 구성된 시블리의 전시회는 팔레스타인 사회에서 비극적인 죽음이 얼마나 흔한지, 점령당한 민족이 어떤 고통을 받고 있는지 증언했다. CRIF는 이 전시회가 반유대주의와 '테러리즘을 옹호'한다며 전시회 종료를 요구했다. 미술관 앞에서 집회가 열렸고, 전시회를 향한 위협이 쏟아졌다. 심지어 폭탄 테러 경보까지 발령됐다.

1990년대 부르주 미술학교를 거쳐 2006년 프랑스에 정착한 가자지구 출신 조형 예술가 타이시르 바트니지 역시 2002년 파리에서 첫 전시회를 개최하기 전까지 수많은 갤러리에서 문전박대를 당했다. 바트니지는 프랑스와 해외에서 예술성을 인정받았음에도, 프랑스의 일부 문화시설은 그의 작품을 전시하지 않고 있다. "미술계의 일부 주요 기관과 관계자들은 여전히 팔레스타인 작가들을 '기피'하고 있다. 프랑스, 특히 파리 시내에서 팔레스타인 예술가의 작품을 전시하는 것은 팔레스타인 지지 표명으로 간주된다."(7)

저항 속에 피어난 팔레스타인 현대예술

1948년 이스라엘의 건국과 함께, 약 80만 명의 팔레스타인인들이 고향에서 추방됐다. 이것이 나크바(Nakba), 팔레스타인 대재난의 시작이다. 이후 팔레스타인 예술은 땅, 뿌리, 정체성을 박탈당한 민족이 당했던 역사적 불의를 상기시키는 강력한 정치적 의미를 담아냈다. 이스라엘이 팔레스타인을 상대로 벌인 전쟁은 처음부터 팔레스타인의 문화 파괴를 시도했다. 이스라엘은 영토 약탈을 넘어 예술, 문학, 문화재를 공격하

<이주민>, 2008 - 슬리만 만수르

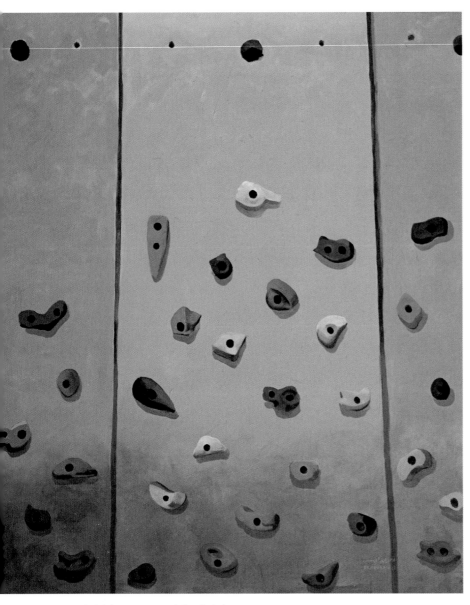

<클라이밍 홀드 1>, 2022 - 칼레드 후라니

며 '집단기억 말살' 전략을 펼쳤다. 1948~1949년, 제1차 이스라엘-아랍 전쟁 당시 이스라엘은 팔레스타인 내 530여 개 마을을 파괴 및 약탈했고 수만 점의 책, 필사본, 악보, 그림, 수공예품을 파기 및 압수했다. 박물관, 도서관 등 문화시설들도 예외가 아니었다. 1982년 팔레스타인 해방기구(PLO)의 근거지인 베이루트를 침공한 이스라엘군은, 역시 집단기억 말살을 위해 팔레스타인연구센터를 파괴하고 많은 문화예술 자산을 압수했다.

전쟁의 불씨 속에서 피어난 팔레스타인 현대예술은, 시작할 때부터 반이스라엘 애국 투쟁을 함양하는 역할을 했다. 화가 이스마일 샤무트(1930~2006)와 슬리만 만수르(1947~), 그리고 1987년 피살된 삽화가 나지 알알리 등 팔레스타인 예술가들은 이스라엘의 과거 말살 시도와 억압에 맞서는 기억과 저항의 문화를 작품에 녹여냈다. 이들이 창조한 상징들은 팔레스타인 민중 문화유산의 일부가 됐다.

샤무트의 그림 '어디로?(Where to?)'(1953) 속 난민의 모습이나 알알리가 1969년 창조한 유명 캐릭터 한달라가 대표적인 예다. 1964년 카이로에 수립된 PLO는 민족주의를 장려하기 위해 그래픽 아트와 회화를 적극 활용했다. 1960년대 PLO는 팔레스타인 예술 전담 부서를 창설해 '팔레스타인 문제'에 대한 역내 및 국제사회의 공감을 끌어냈다.(8) PLO가 선호한 매체인 정치 포스터는 1970~1980년대 여론의 연대를 고취하는 역할을 했다.

세계에서 인정받아도, 식민지 폭력에 갇혀있는 예술

제1차 인티파다(1987~1993) 동안 새로운 예술 세대가 등장했다. 저항적인 성격의 벽화나 그래피티가 이 시기에 번성했다. 하지만 에밀리 자키르, 알라 유니스, 칼레드 후라니, 나빌 아나니, 타이시르 바트니지와 같은 일부 예술가들은 전통적인 회화 영역과 지배적인 서사 체계를 벗어난 색다른 시각 예술의 길을 모색했다. 이들은 팔레스타인 추상 미술의 선구자인 화가 겸 사회운동가 사이마 할라비(1936년생)나 구상적 아카데미즘을 탈피한 슬리만 만수르의 발자취를 따라 보다 개념적이고, 주관적이며, 실험적인 표현 방식을 추구했다. 이들 중 일부는 도자기, 구리, 천, 나무, 점토, 모래, 진흙 등 일상에서 찾은 재료와, 팔레스타인 순수 예술 영역에서 제외됐던 사진 및 비디오 등을 활용했다.

1990년대 후반과 2000년대 초반부터 팔레스타인 예술가들은 세계 각지의 전시회와 비엔날레에 참여해 인지도를 높였으며 국제 현대 미술계의 일원으로 자리매김했다. 이들의 작품은 심미적 가치와 혁신성으로 충분히 인정받았지만 더 많은 주목을 받은 것은 실향, 망명, 향수, 대대로 물려받은 땅의 해체와 같은 주제다. 바트니지는 오늘날의 팔레스타인 예술가들은 "인간적이고 보편적인 차원의 접근법"을 추구하지만, 계속되는 식민지 폭력을 홀로 감당해야 하는 팔레스타인의 "정치 및 사회적 맥락을 무시할 수 없다"(9)라고 지적했다.

2023년 5월, 이스라엘은 가자지구에서 또 한 번 유혈 군사작전을 펼쳤다. 이후 가자지구 해안가 중심부 데이르 알발라에는 독특한 '전시관'이 세워졌다. 가자지구 예술가들은 이스라엘의 미사일에 파괴된 아파트 단지에서, 몇 개 남지 않은 벽을 찾아 팔레스타인 주민들이 겪는 비극을 그려냈다. 자신들만의 방식으로 망각에 맞선 것이다.(10) 부상을 입고 붕대를 감은 채 눈물을 흘리는 어린 소년의 모습을 담은 한 벽화가 눈길을 끈다. 소년의 시선은 마치 관람객들을 증인으로 남기려는 듯 응시한다. 소년 뒤에서 날아오는 전

투기와 폭탄은 곧 소년을 산산조각 날려버릴 기세다. 마치 바로 몇 달 후 이스라엘이 이 작은 땅에서 벌이는 대규모 섬멸 작전으로 수천 명의 아동이 겪게 될 운명을 예고하는 듯하다. <small>LD</small>

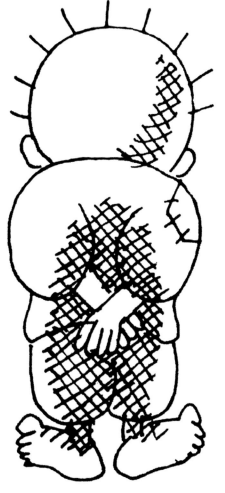

신문삽화가 나지 알 알리(1937~1987)가 1973년에 만든 한달라(Handala)라는 캐릭터는 팔레스타인의 정체성을 상징하는 존재다. 누더기를 걸치고 뒷짐을 진 채 등을 보이고 있는 그의 모습은 한 국가를 기다리는 국민의 끈기를 상징한다. 그 국가가 탄생하는 날, 한달라도 자신의 얼굴을 드러낼 것이다.

글·올리비에 피로네 Oilivier Pironet
기자

번역·김은희
번역위원

(1) Malu Halasa, 'The creative resistance in palestinian art', <The Markaz Review>, Los Angeles(California), 2021년 5월 14일.
(2) Penny Johnson, 'Ramallah Dada: the reality of the absurd', <Jerusalem Quarterly>, Columbia University(New York), n° 16, 2002년 11월.
(3) Eray Alım, 'The art of resistance in the palestinian struggle against Israel', <Turkish Journal of Middle Eastern Studies>, Sakarya(튀르키예), vol. 7, n° 1, 2020년 6월.
(4) 'Flag restrictions are the latest attempt to silence Palestinians and reduce their visibility', Amnesty International, 2023년 1월 11일.
(5) Rabbi Peretz Wolf-Prusan, 'The deep listening of Tosha Stimage', Contemporary Jewish Museum, 2022년.
(6) 'At a jewish museum, a non-jewish artist's use of the palestinian flag sparks debate', <The Times of Israel>, Jerusalem, 2022년 11월 16일.
(7),(9) Taysir Batniji, 전시회 'Quelques bribes arrachées au vide qui se creuse, 깊어지는 공허에서 건진 단편들' 도록에 실린 인터뷰 'Habiter le temps 시간 속에 살다', 발드마른 현대미술관(MAC VAL), Vitry-sur-Seine, 2021년.
(8) Marion Slitine, 'Les réseaux de l'art contemporain en Palestine 팔레스타인의 현대예술 네트워크', 『Penser la Palestine en réseaux 인터넷을 통한 팔레스타인 문제 고찰』(공저), Diacritiques Éditions - Presses de l'IFPO, Marseille - Beyrouth, 2020년.
(10) 'Gaza graffiti artists bedeck houses destroyed by Israel in war'에 실린 사진들, <Reuters>, 2023년 6월 13일.

언론의 잘못된 비교

세르주 알리미 ▍〈르몽드 디플로마티크〉 프랑스어판 고문

프랑스 방송계에 특별한 이슈도 없었던 2023년 11월 10일, 우익 성향의 철학자 베르나르앙리 레비는 자신이 만든 다큐멘터리들 중 하나와 자기 자신을 홍보했다. 4일 후 〈France 2〉 채널에서 세타부(C'est à vous))에 초대됐다. 레비의 잇단 방송 출연과 함께 채널 간 경쟁이 잠시 유보됐다. 이어 레비는 다음날 〈LCI〉 방송국에, 그다음 날에는 〈CNews〉에 출연했다. 그리고 여기저기 또 다른 방송사들에도 출연했다. 늘 그렇듯 말이다.

프로그램 〈세타부〉는 원활하게 흘러갔다. 안엘리자베스 르무안 기자와 파트리크 코엔 기자는 레비의 홍보맨처럼 "탁월한 요약", "충격적 장면" 등 칭찬을 남발했고, "이런 (다큐) 제작의 위험을 감수한 이유는?" 이라고 묻는 등 레비가 써줬을 법한 '질문들'을 던졌다. 하지만, 이제 다수의 관심은 우크라이나보다 팔레스타인 쪽으로 더 가 있다. 가자지구는 러시아가 "우크라이나군에 네오 나치 성향의 군인들이 있다"는 구실로 파괴한 도시 마리우폴과 닮았다. 그러므로, 이스라엘은 우크라이나보다 러시아와 더 유사성을 지닌 것으로 보인다. 물론, 레비는 동의하지 않겠지만 말이다.

레비는 "푸틴은 하마스가 선포한 전쟁과 무관하지 않다"라고 말했다. 이어 팔레스타인 이슈로 인해 우크라이나 문제가 밀려나는 가운데,

무제 〈뒤늦은 뉴스〉 시리즈, 2019 - 타이시르 바른니자

"화요일에 방영된 (나의) 다큐멘터리는 이런 망각의 법칙에 저항하는 수단이다. 본질적으로 우크라이나와 가자지구, 가자지구와 우크라이나는

극도로 얽혀 있기 때문"이라고 덧붙였다. 레비가 이런 말을 하는 순간에도, 이스라엘군은 팔레스타인인을 1만 명 이상 죽였다. 그럼에도 〈세타부〉는 프랑스 내 반(反)유태인 행위를 즐겨 언급했다.

한편, 〈LCI〉는 레비에게 가자지구 내 전쟁 범죄에 대한 질문을 던졌다. 물론, 이 (반서방 세력에게나 쓰는) '전쟁 범죄'라는 '무례한' 표현을, (감히) 이스라엘군에게 쓰지는 않았다. 답변은 예상을 벗어나지 않았다. 그는 "10월 9일 혹은 10일에 이스라엘 군대가 가자지구 주민들에게 이동을 권고했다. 즉, 시민들을 포격했던 것이 아니다. 군사 표적을 폭격했고 하마스가 막아 이동할 수 없었던 시민들에게 갔다"라고 말했다. 사실은 수많은 팔레스타인인이 '이동'했다. 이들 대부분이 이스라엘의 폭격을 피해 팔레스타인 남쪽으로 갔다. 그럼에도 대부분이 이스라엘의 폭격을 피할 수 없었다.

방송에 초대된 레비가 장사꾼같이 우크라이나에 대한 자신의 다큐를 소개하자, 프레데리크 타데이 기자는 그를 당황케 할 질문을 던졌다. "당신은 얼마나 미개해야 학교를 폭파시키냐고 한 적이 있는데, 그건 가자지구가 공격받은 후 이스라엘의 적들도 한 말이 아닌가?"라고 물은 것이다. 그러자, 이스라엘 방위군 '차할'의 대변인 격인 레비는 이렇게 대답했다.

"러시아인과 이스라엘인을 같은 선상에 두는 것은 역겹고 잘못된 비교다. 여기에는 두 가지 차이가 있다. 먼저, 가자지구의 학교에는 하마스의 사령부가 있다. 그리고, 이스라엘은 팔레스타인인 부모들에게 아이들을 피신시키라고 각별히 요청했다."

즉, 학교에 폭탄이 터져 아이들이 사망한 사건에 대한 책임은, 그 부모에게 있다는 소리다. 폭탄을 투하한 이스라엘 전투기의 조종사도, 조종사에게 투하를 명령한 이스라엘 장관들도 책임이 없다는 것이다.

대담이 끝나고 며칠 후, 〈뉴욕타임스〉는 유엔 통계를 언급하며 "6주 전부터 가자지구에서 사망한 아이들의 수가, 지난 1년 동안 우크라이나를 포함한 주요 분쟁 지역 전체에서 사망한 아이들 2,985명보다 많다"(1)라고 보도했다. 그럼에도, 유엔은 12월 6일 저녁 6시 30분

뉴욕에서 우크라이나 전쟁을 담은 베르나르앙리 레비의 다큐멘터리를 상영하기로 했다. 이 다큐멘터리는 미국에서 〈영웅들에게 찬사를〉이라는 제목으로 방영됐다. 프랑스와 우크라이나의 유엔 상주대표부가 해당 다큐 방영 행사의 주최국을 맡았다. 이 문제에 대해서는 설전이 뒤따를 것으로 보인다.

레비가 가자지구를 파괴한 이스라엘군에 '영웅'이라는 의미를 확장해 사용하려는 욕구를 자제할 수 있을까? **ID**

글·세르주 알리미 Serge Halimi
<르몽드 디플로마티크> 프랑스어판 고문

번역·김은혜
번역위원

(1) '전쟁으로 인해 아이들의 묘지가 된 가자 지구', <뉴욕타임스>, 2023년 11월 19일.

전쟁 회의론이 고개를 드는 우크라이나

우크라이나 전쟁으로 인명 피해가 계속되고 있지만, 전쟁은 끝날 기미가 보이지 않는다. 우크라이나는 자원병 모집에 어려움을 겪고 있다. 정의를 요구하는 국민의 목소리가 높아지자, 우크라이나 정부는 반부패 정책을 내세우며 한편으로는 복지국가와 노동조합 해체에 박차를 가하고 있다. 여전히 전쟁이 한창인 가운데, 상이군인들은 변호사를 고용하고 이주민들은 휴대전화로 행정 서비스를 이용하는 나라, 우크라이나의 실상을 들여다보자.

엘렌 리샤르 ▮언론인

지난해 8월 하순 크리비리흐를 방문했다. 예상과 달리 이 광업 도시의 분위기는 그리 무겁지 않았다. 다소 구식이기는 하지만 신고전주의 양식의 극장이 위엄을 뽐내는, 옛 소련의 매력이 잘 보존된 도시였다. 가가린 공원에 산책 나온 사람들이 아이스크림을 먹으며 천체투영대 아래를 한가롭게 거닐고 있었다. 아동들을 위한 에어바운스 놀이궁전 뒤에서는 노년 여성들이 정원에서 따온 산딸기를 팔고 있었다. 행인들은 발걸음을 멈추고 딸기 가격을 흥정했다. 대공 사이렌이 울렸지만 흥정은 계속됐다.

크리비리흐에서 100km 떨어진 드니프로강 좌안에는 러시아군이 주둔하고 있다. 전쟁이 2년 가까이 계속된 지금, 공습 사이렌이 울려도 하늘을 쳐다보는 사람이 없다. 바로 전날, 시내 중심가 인근에 떨어진 미사일로 20채 이상의 주택이 파손됐다. 8월 1일에는 미사일 공격으로 민간인 6명이 목숨을 잃었다. 그보다 두 달여 전인 6월 13일에는 9층짜리 건물이 러시아군으로부터 미사일 공격을 받았다. 11명의 사망자가 발생하자, 볼로디미르 젤렌스키 우크라이나 대통령은 고향 크리비리흐를 찾았다.

직장에서 징집 통지서를 받는 노동자들

이렇게 전쟁의 여파를 고스란히 겪고 있는 크리비리흐는 광석 및 철강 수출로 살아가는 도시다. 우크라이나가 러시아 제국에 속했던 1880년, 프랑스의 엔지니어

겸 은행가 폴랭 탈라보는 크리비리흐 최초의 제철소를 건설했다. 이후 크리비리흐에서 생산된 광석과 철강 제품은 해상으로 수출됐다. 하지만 전쟁이 발발하고 흑해 항구들이 봉쇄되자, 크리비리흐의 수출업체들은 높은 운송비용을 감수하며 육로를 택할 수밖에 없는 상황이다. 수출량은 급감했고, 수출지역도 전통적 시장인 근동, 북아프리카 대신 유럽으로 바뀌었다.

러시아군이 우크라이나의 에너지 시설을 표적으로 삼은 이후 종종 발생하는 정전사태도 경제활동을 저해하는 요소다. 직원 수 2만 6,000명으로 크리비리흐 최대 고용 규모를 자랑하는 철강기업 아르셀로미탈 크리비리흐(AMKR) 경영진은 "생산인력의 20~25%만 활용 중이다"라고 설명했다.(1) 2023년 8월 말, 전일제 근무자는 1만 2,000명에 불과하며, 전체 노동자의 약 10%가 군대에 소집됐다. 이들 중 100여 명이 전장에서 돌아오지 못했다.

크리비리흐처럼 대규모 산업이 밀집된 도시에서는 노동자들이 우선적으로 군대에 동원될 가능성이 높다. 우크라이나에서 두 번째로 큰 노동조합인 우크라이나 자유노동조합연맹(KVPU)의 크리비리흐 지부 자문을 맡고 있는 올렉산드르 모투즈 노동법 전문 변호사는 "등록된 거주지가 실제 거주지와 일치하지 않는 경우도 있기 때문에, 군인을 소집하는 것은 대규모 고용주들을 통하는 것이 더 편리하다"라고 설명했다.

"군 경찰은 직장을 통해 소집 통지서를 전달한다.

노동자가 소집에 응하지 않으면 군 경찰은 고용주에게 압력을 행사한다. AMKR의 노동자 한 명도 이런 경우를 겪었다. 회사는 그가 출근하면 군 경찰서에 다녀왔는지부터 확인했다. 이 직원은 결국 사표를 냈다. 노조 지도부는 군 경찰이 광산 바로 앞에서 회사 버스를 가로막는 사례도 보고받았다." AMKR을 포함한 고용주들은 전체 직원의 50% 내에서 고위 간부나 숙련 노동자들을 '비축', 즉 동원 대상에서 제외시킬 수 있다. 하지만 동원 규모가 커질수록 고용주들의 권한은 줄어들 것이다.

"젠장, 나는 33세다!"

빅토르(2)는 8월 중순에 소집 통지서를 받았다. AMKR에서 현장감독으로 근무하며 '비축' 인력에 속했던 그는 이제 35세 이상의 직원만 소집 면제 대상에 해당한다고 설명했다. "나는 33세다. 젠장! 예수가 십자가에 못 박힌 나이다. 34세만 넘기면 늙어 죽을 수 있을 텐데!" 빅토르는 노조가 소집을 앞둔 노동자들에게 지급한 간이 매트리스, 침낭, 카키색 배낭을 포장도 뜯지 않고 그대로 차 뒷좌석에 실었다.

러시아가 우크라이나를 침공한 다음 날 빅토르는 자발적으로 모병소를 찾았었다. "이틀 동안 줄을 섰다. 모병관들은 나를 뽑지 않았지만 다시 연락을 주겠다고 했다." 그리고 18개월이 흘렀다. 빅토르는 "2014~2015년 전쟁터에 나간 친구 5명 모두 전사했다"라며 흐느꼈다. 당시 빅토르는 키이우 마이

(1) 경영진이 보내온 서면 답변서. 2022년 8월 10일.

(2) 익명을 요구한 이들의 이름은 가명으로 표기했음.

<크리비리흐 제철소의 용광로>, 2022 - 뤼시앵 룽

단 광장(독립 광장)에서 빅토르 야누코비치 대통령을 옹호하는 경찰과 대치했다. 대규모 시위 끝에 야누코비치 정권은 2월 22일 축출됐다. 이후 돈바스 지역에서 친러 분리주의 반군이 봉기했다.

"많은 친구들이 (2014년 4월 7일 올렉산드르 투르치노프 임시 대통령이 개시한) 대테러 작전에 자원했다. 이들은 극우세력인 우익 섹터(Pravyï sektor) 또는 아조우(Azov) 연대에 합류했다." 이제 빅토르의 차례가 돌아왔다. 과거 몸싸움을 벌이다 두 손가락을 잃은 빅토르는 병역 부적격 판정을 받을 수도 있었다. 하지만 군의관은 부적격 판정서 발급 대가로 4,000달러를 요구했다. "사람들은 암암리에 뇌물 브로커를 언급했다. 과거 나는 브로커를 고용해 유죄 판결을 피한 적도 있다. 하지만 이제 나는 결심했다. 전장에 나가야 한다면 피하지 않겠다."

모병소 밖 줄은 사라졌다. 이제 모두가 병사들의 일상을 공유하고 있다. 중소도시의 시외버스 정류장에서 상이군인들과 마주치는 것은 흔한 일이 됐다. 전장의 병사들은 가족과 항시 연락을 주고받는다. 가족들의 휴대전화에는 병사들의 사진이 끊임없이 도착한다. 군 지휘부는 병사들과 가족 간 연락은 거의 검열하지 않는 듯하다. 크리비리흐에서 영어 교사로 일하는 다차는 31세인 아들과 8일째 연락이 끊겼다. 아들 걱정에 잠을 설치고 있는 다차는 아들이 보내온 영상을 보여줬다. 폭격으로 무너진 건물 잔해 속에서 생일을 맞이한 다차의 아들은 "생일파티를 하기 딱 좋은 날"이라고 빈정거렸다. 〈뉴욕타임스〉가 취재한 익명의 미국 정부 관계자들에 의하면, 2023년 8월 중순까지 우크라이나 측 사망자는 7만 명, 중상자는 12만 명에 달한다.(3)

(3) 'Troop Deaths and Injuries in Ukraine War Near 500,000, U.S. Officials Say', <New York Times>, 2023년 8월 18일.

노동자의 권리까지 파괴하는 전쟁

그런데, 불만의 목소리는 우크라이나 법원에서도 높아지고 있다. 모투즈 변호사의 사무실은 새로운 고객들로 북새통을 이뤘다. 바로 우크라이나 병사들이다. 대부분은 급여 관련 소송이다. 2022년 7월, 우크라이나 의회는 고용주가 군대에 소집된 노동자의 임금을 계속 지불할 의무를 면제하는 법을 채택했다. 복무 중인 병사들은 목숨을 걸고 싸우면서도 군대에 소집되기 전보다 더 적은 대가를 받는 상황을 용납할 수 없다. 숙련 노동자들의 불만은 더욱 크다. 2만 흐리우냐(약 500유로)의 병사 급여로는 대출을 갚지도, 양육비를 지불할 수도 없다.

모투즈 변호사는 "자원했던 병사들은 사기당한 심정을 호소한다. 100여 건의 임금 소송 중 (법률불소급의 원칙을 적용한) 판례를 남기길 바라는 마음에서 3건을 무료로 변호했다. 하지만 8월 초 비슷한 소송을 기각하는 대법원 판결이 나왔다"라고 설명했다. 부족한 임금에 대한 분노로, 우크라이나 병사들의 애국심은 식어버렸다. 다차는 "전쟁 초기 하나로 똘똘 뭉쳤던 우크라이나 사회는 이제 전방과 후방으로 분열됐다"라고 한탄했다. 그리고는 이렇게 덧붙였다. "SNS에 올라오는 휴가 사진들을 보면 화가 난다. 내 아들은 2월 24일 입대했다. 이제 병사들은 지쳤다. 정부는 18개월이 지나면 소집 해제를 허용하는 법을 만들겠다고 했지만, 그 약속은 지켜지지 않았다"라고 덧붙였다.

모두의 관심이 전쟁과 경제적 생존에 쏠려있는 사이, 우크라이나 국민의 사회적 권리는 해체되고 있다. 2022년 7월, 우크라이나 의회는 단체 협약을 중지하고 고용주가 일방적으로 노동조건을 수정할 수 있는 권리를 보장하는 법안을 통과시켰다.(4) 노동자가 거부할 경우 고용주는 2개월의 사전 통지 기간을 지키지 않고 노동조합의 동의를 구할 필요도 없이 노동자를 해고할 수 있게 됐다. 2022년 8월 17일 대통령이 비준한 법률 제5371호는 (우크라이나 전체 노동력의 70%를 차지하는) 중소기업 노동자 대상 특별 제도를 도입했다.

노동자 수 250명 미만의 사업장은 임금, 휴가, 노동시간 등의 노동조건을 노사 상호 협상으로 결정할 수 있으며 (최저임금 절반 이상의 보상금 지급 의무를 제외하면) 아무런 제약 없이 노동자를 해고할 수 있게 됐다. 또 다른 법률은 최저 노동시간을 명시하지 않는 '제로 아워(Zero-hour)' 노동계약을 도입했다. 모투즈 변호사는 "전쟁이 경제활동에 미치는 영향을 무시한 채, 고용주에게만 유리하게 만든 법이다. 격전지 자포리자에서 전쟁을 비껴간 트란스카르파티아 지역에 이르기까지, 동일한 원칙이 적용되고 있다. 이로써 정부의 반사회적 의도가 명백히 드러났다"라고 분노했다.

우크라이나 노동조합과 이들을 지지하는 국제적 압력(5) 그리고 국제노동기구 (ILO)의 이의제기로 우크라이나 정부는 이 반사회적 법률들의 적용 기간을 분쟁 기간으로 한정했다. 모투즈 변호사는 "전쟁의 종식은 1991년 국경의 부활을 의미한다. 하지만 이는 당장 실현 가능한 일이 아니다. 이 법제는 계속 유지될 것이다"라고 강조했다. 과거 무산됐던 다른 개혁들도 전쟁을 계기로 정당성을 되찾았다. 사회보험(사고 및 실업) 기금을 해체하고 연금 기금으로 기능을 이전한 것이 대표적인 예다. 이 개혁을 주도한 갈리나 트레티아코바 여당 의원은 "전시 상황에서 경제의 출혈을 막기 위해 필요한 개혁"이

라고 설명했다.

하지만 이번 결정으로 사회보험 기금이 고의로 재정 위기를 초래한 사실이 드러났다. 2016년 이후 사회보장 분담금의 사회보험 할당 비율은 14%에서 9%로 감소했다. 사회보장 분담금도 반으로 줄었다. 2020년 1월 초, 트레티아코바 의원은 "사회보험의 탈공산화"와 보험시장 민간 개방을 촉구했다.(6)

전쟁 이후 무력해진 노동조합

우크라이나 최대 노동조합도 검찰의 칼날을 피해가지 못했다. 러시아 침공 이전 900만 명의 조합원을 보유했던 우크라이나 노동조합연맹(FPU)은 정부를 견제하는 역할을 전혀 하지 못했다. FPU는 파업보다는 노사협상을 통해 분쟁을 피하는 것을 선호하며, 대기업의 노사 문제를 고용주와 공동관리한다.(7) 하지만 현 정부는 이것도 용인할 수 없다는 입장이다. 전쟁은, 우크라이나 검찰에게 30년 전 시작한 사법 게릴라전에서 이길 기회를 준 셈이다.

정부와 FPU 간 분쟁은 1990년대에 시작됐다. 소련 붕괴 이후 소비에트 노동조합 중앙위원회의 우크라이나 지부는 모스크바 본부로부터 독립했다. 이 과정에서 탄생한 FPU는 주식회사 형태의 영리법인 2개를 설립하고 우크라이나 지부가 관리해왔던 우크라니아 영토 내 요양소와 휴가 및 레저 센터들의 재산권을 등록했다. 우크라이나 정부는 1997년부터 검찰을 내세워 이를 무효화하고 법원을 통해 해당 시설들의 국유화를 시도했다. 그러나, 이런 정부의 시도는 실패했다. FPU는 유럽인권재판소로부터 (정부가 곧 다시 민영화할) 이 시설들을 국유화해도 국민에게 이익이 보장되지 않는다는 판결을 받아

(4) Pierre Rimbert, 'L'Ukraine et ses faux amis 우크라이나와 그들의 가짜 우방들', <르몽드 디플로마티크> 프랑스어판, 2022년 10월호.

(5) 'ITUC & ETUC Letter to the European Commission and European Council regarding Law 5371 on workers' rights in Ukraine', 2022년 8월 24일. 유럽노동조합총연맹(ETUC) 홈페이지에서 열람 가능. www.etuc.org

(6) Sergueï Gouz, 'La réforme de l'assurance sociale en Ukraine. Pourquoi détruire ce qui fonctionnait? 우크라이나 사회보장제도 개혁. 효과를 입증한 제도를 왜 바꾸려 하는가?' (러시아어), Open-democray, 2022년 10월 11일, www.opendemocracy.net

(7) Denys Gorbach, 'Underground waterlines: Explaining political quiescence of Ukrainian labor unions', Focaal, 네이메겐(네덜란드), n°84, 2019.

(8) 'Case of Batkivska Turbota v. Ukraine (no. 5876/15)', 2018년 10월 9일, https://hudoc.echr.coe.int

냈다.(8)

　　그러자 정부는 형사 분야로 전환했다. FPU의 2인자 볼로디미르 사엔코는 "심각한 규모의 횡령 또는 조직적 횡령" 혐의로 10개월 이상 구금 상태다. FPU가 보유한 총 50개 시설 중 40개 이상이 가압류 상태. 2014년 시위대와 경찰의 충돌로 화재 피해를 입었던, 마이단 광장의 노동조합회관이 대표적인 예다. 러시아의 크름반도 합병으로 이미 많은 자산을 잃은 FPU는 팬데믹 이전 연맹의 재정 수입의 50~60%를 차지했던 시설들도 빼앗겼다. 실업급증과 경제위기로 조합원 수와 회비가 대폭 감소해, FPU는 파산 위기에 처해있다.

　　FPU 지도부는 정부의 위협에도 아랑곳하지 않는 듯 보인다. 내부 자료에 따르면 FPU는 전쟁 초기 9개월 동안 아동 3,000명을 포함한 총 2만 명의 전쟁 이주민에게 연맹이 소유한 시설을 숙소로 제공했다. FPU는 재정 악화에 시달리고 있으며, 진행 중인 소송들의 결과에 따라 전쟁 부상자 재활 프로그램을 중단해야 할 수도 있지만, 여전히 전쟁 이주민들에게 잠자리를 제공하고 있다. FPU 자산 관리 책임자 드미트로 도브하넨코는 개탄했다. "전쟁으로 보건 등 사회적 지원에 대한 국민 수요가 폭증한 상황 속에서, 정부는 상식 밖의 정책을 펼치고 있다. 이 때문에 FPU가 정부에 맞설 역량이 영구적으로 약화될 것이다."

　　발랑탱은 차에 타기 위해 진땀을 뺐다. 양쪽 목발을 한 손에 쥔 그는 뻣뻣한 다리를 차 안으로 밀어 넣었다. 발랑탱을 만난 곳은 키이우 서쪽으로 350km 떨어진 중소도시 크멜니츠키의 한 대로변이었다. 우리는 차량 공유 서비스 블라블라카(Blablacar)를 이용하는 과정에서 발랑탱과 같은 차를 탔다. 하늘길에 이어 바닷길까지 막히자 철도는 화물 운송으로 포화상태에 이르렀다. 현재 우크라이나에서 차량 공유 애플리케이션은 사설 시외버스와 함께 가장 널리 쓰이는 이동수단이다.

　　우크라이나 군대에 동원됐던 24세 청년 발랑탱은 폭발에서 살아남았다. 드론 공격에 의한 폭발이었는지 러시아군이 로켓포로 살포한 지뢰에 의한 폭발이었는지 알 길은 없다. 폭발물은 적진을 향해 전진하던 우크라이나군의 소규모 부대를 덮쳤다. 7명이 부상당하고 1명이 사망했다. 발랑탱은 19차례의 수술 끝에 다리 절단을 피할 수 있었다. 그는 휴대전화에 저장된 엑스레이 사진을 보여줬다. 경골과 대퇴골을 가로지르는 금속 지지대가 선명하게 보였다. 그의 종아리에는 파편의 흔적들이 여전히 남아 있다.

"우리는 국가의 노예로 전락했다"

　　다른 많은 제대 군인과 마찬가지로 발랑탱 역시 원활한 행정 절차를 위해 변호사를 선임했다. 그의 목표는 일단 연금 수령액이 가장 높은 제3군 상이군인 지위를 인정받는 것이다. 그는 또한 정부가 약속한 월 2,500달러의 "격전 지역 복무" 수당 수령도 기대하고 있다. 발랑탱은 현재 키이우의 한 재활센터에 입원한 상태다. 치료비 중 일부는 본인이 부담하고 있다. 그는 가족을 만나러 가끔 주말에 외출한다. 육아휴직 중인 그의 아내는 크멜니츠키에서 생후 18개월 된 아기를 혼자 키우고 있다.

　　크리비리흐 출신인 에브게니 미카일리우크는 발랑탱과 비슷한 처지지만 변호사를 선임할 형편이 되지 않는다. 미카일리우크는 자신이 받은 부당한 대우를 비난하는 영상을 페이스북에 올렸다. 위장용 군복에 훈장을 달고 영상에 등장한 그는 제대를 요구했다. 그는 간질 발작을 앓고 있다. 2014년 돈바스 분리주의 반군과의 전투에서 뇌진탕을 입은 후 생긴 간질 발작이 이번 전쟁 동안 재발했다. 군의관의 부적절한 치료로 혼수상태에 빠졌던 그는 7일간 입원했다가 귀가한 후 부대 복귀 시한을 넘겼다. 탈영죄로 징역 5년을 선고받을 위험에 처한 그는 당장 야전병원으로 복귀해야 했다. 문자 메시지로 다시 연락이 닿은 그는 야전병원의 열악한 상황에 분노했다. "지금까지 소련의 망령과 싸우고 있는 줄 알았다. 그런데 우리는 여전히 그 망령 속에 살고 있다. 많은 이들이 권리를 박탈당한 채 이곳에 갇혀 있다. 우리는 국가의 노예로 전락했다."

　　젤렌스키 대통령은 국내·외적인 이유로 부패와 특혜 척결에 강한 의지를 보이고 있다. 전쟁 이전에도 부패와 특혜는 존재했다.(9) 하지만 전쟁이 터지자 우크라이나 국민의 분노도 터졌다. 신규 예산의 절반 이상을 책임지고 있는 해외 출자자들 역시 부패 및 특혜 척결의 성과를 요구하고 있다.(10) 지난해 8월 11일, 젤렌스키 대통령은 텔레그램에서 지역 모병소 책임자 전원을 해임하겠다고 발표했다. 검찰은 이들이 "병역 연기 및 회피 목적의 (...) 장애 증명서나 일시적 부적격 판정서 발급에 도움을 제공"한 혐의를 제기했다. 같은 해 9월 5일, 올렉시 레즈니코우 국방장관의 해임도 뒤따랐다. 사흘 전에는 과두정치인 이호르 콜로모이스키가 사기 및 자금 세탁 혐의로 구금됐다. 콜로모이스키는 2019년 우크라이나 대선 당시 젤렌스키의 후원자로 국내·외 언론에 소개된 인물이다.

(9) Sébastien Gobert, 'Vaine réforme policière à Kiev 우크라이나의 무의미한 경찰 개혁', <르몽드 디플로마티크> 프랑스어판, 2018년 6월호.

(10) Ben Aris, 'Ukraine releases 2024 budget plan, more spending on military, but raising enough funding will be tough', <Bne Intelli-news>, Berlin, 2023년 9월 28일.

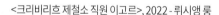
<크리비리흐 제철소 직원 이고르>, 2022 - 뤼시앵 룽

<공장 근처 주거 지역에 세워진 크리비리흐 제철소의 노동자를 상징하는 동상>, 2022 - 뤼시앵 룽

(11) 텔아비브 엘롬센터 사라 마샤 펜버그 연구원 인터뷰, <France info>, 2023년 9월 14일.

(12) Hélène Richard, 'Dilem-me pour les "miliciens ukrainiens" 우크라이나 민병 대 '보그단'의 저항운동', <르몽 드 디플로마티크> 프랑스어판, 2014년 9월호.

우크라이나 국가와 국민 사이에는 협력과 불신이라는 양가적 관계가 형성됐다. 군대는 구급상자, 방탄조끼, 헬멧, 드론 등 병사들에게 지급할 장비를 확보하기 위해 개인의 기부에 크게 의존하고 있다. 노동조합, 자원봉사단체 또는 일시적으로 생성된 왓츠앱(Whatspp) 그룹이 모금 운동을 벌이고 장비를 기부받는다. '빅토리드론' 협회는 2만 8,000명에게 드론 조작법을 가르쳤으며(군대가 양성한 드론 조작병은 1만 명에 불과하다) 전선에 드론을 지원했다.(11)

크멜니츠키에서 건축업을 하는 유리 루치우크는 돌격 소총 조준경, 야간투시경, 군용 수송 차량으로 개조한 민간 지프 차량 등 수천 유로 상당의 장비를 조달했다. 루치우크는 "모든 영토를 되찾아야 한다. 가장 실현 가능한 목표는 크름반도 수복이다. 육교를 파괴해 보급을 차단하기만 하면 된다"라고 설명했다. 하지만 그는 정작 아들의 입대를 허락하지 않았으며 동료 기업가들의 입대도 막았다. "나는 이들을 설득했다. '당신들이 죽으면 누가 이 나라를 떠받치고 경제를 재건할 것인가?' 가장 애국심이 강한 국민들이 죽어가고 있다. 이대로라면 체제를 바꿀 사람이 아무도 남지 않을 것이다."

루치우크는 당국의 신망을 받는 인물은 아니다. 2014년, 크멜니츠키 중앙 경찰서 앞에서 그를 처음 만났을 때, 전투복을 입은 청년 10여 명으로 구성된 '그의' 민병대가 그를 호위하고 있었다.(12) 그는 "혁명을 끝까지 완수하기 위해" 크멜니츠키 관공서들을 돌면서 힘을 과시하는 중이었다. 당시 우크라이나는 빅토르 야누코비치 대통령이 축출된 직후로 친러시아 반군을 진압하기 위해 돈바스 지역에 군대를 파견하는 상황이었다. 2022년 2월 러시아가 침공하자 그는 300명의 지원자를 모아 국토방위군 합류를 요청했다.

디지털 독재의 시작

하지만 우크라이나 보안국(SBU)은 4시간 반에 걸친 거짓말 탐지기 조사 끝에 루치우크의 요청을 거부했다. 다른 모든 대도시는 시가전을 대비해 정규군을 지원하는 민간 부대를 조직했다. 아우디 대리점에서 우리를 만난 루치우크는 인터뷰 동안 자신의 아우디 실린더 정비를 맡겨 놓고 "그들은 내가 크멜니츠키 당국을 전복시키려고 한다고 의심했다"라고 어이없어했다. "2014년 이후 달라진 것은 아무것도 없다. 상황은 오히려 더 악화됐다. 이제 디지털 독재가 들어섰다!"

젤렌스키 대통령이 꿈꾸는 미래의 국가는 외세의 침입과 낡은 보호주의 법률에서 자유롭고 온라인에서 진화하는 국가다. 1,900만 명의 우크라이나 국민과 마찬가지로 루치우크도 DIIA 애플리케이션을 휴대전화에 설치했다. 2020년 디지털전환부가 출시한 DIIA는 우크라이나 정부의 자랑이다. 여권, 운전면허증, 세금 및 벌금 고지서 등 모든 신원확인 및 행정 서류가 이 애플리케이션에 모여 있다. DIIA를 설치한 국민은 클릭 몇 번만으로 사업자 등록을 하고, 폭격으로 부서진 가옥 재건 지원을 신청하고, 러시아군의 존재를 신고하고, 국내 이주민 지위를 획득할 수 있다. 정부에 따르면 총 120종류의 공공 서비스를 제공하는 이 애플리케이션의 도입으로 공무원 수를 10% 줄일 수 있다고 한다.

우크라이나 정부는 미국국제개발처(USAID)에서 850만 달러를 지원받아 DIIA를 공동 개발했다. 구글과 비자카드도 DIIA 개발에 참여했다. 미국 정부는 이 애플리케이션을 전 세계에 수출할 계획이며 우크라이나의 젤렌스키 대통령을 미국 정부가 장려하는 창업국가(Start-up Nation)의 선구자로 소개하고 있다.(13) 유럽에서 디지털화 선도 국가로 손꼽히는 에스토니아 정부는 DIIA를 기반으로 한 애플리케이션을 개발 계획을 발표했다. 루치우크는 "법원 판결문조차 애플리케이션에 뜬다!"고 분개하며 직접 여러 페이지의 판결문을 스크롤하며 보여줬다. 그는 이것이 자신에 대한 정치적 보복이라고 주장했다.

경제위기와 전쟁 장기화로 군대에 대한 민간의 지원은 줄어들고 있다. 군사적 전망에 대한 비관적인 시각도 이에 일조한다. 크멜니츠키에 호텔을 소유한 나자르 바라노프는 담담한 목소리로 "전선에 있는 친구들은 병사도 탄약도 부족하다고 말한다"라고 설명했다. 그의 호텔 로비에는 50캔들이 에너지 음료 3박스가 호송대를 기다리고 있다. 호송대는 매달 두 번씩 후방의 지원 물자를 수거해간다. "러시아는 우크라이나보다 인구수가 많다. 모두 미국의 F16 전투기를 기다리고 있다. 하지만 이조차 전쟁의 흐름을 바꾸기에는 역부족일 것이다." 그렇다면 결국 러시아와 협상을 해야 하냐는 질문에 그는 고개를 저었다. "이미 너무 많은 희생자가 발생했다. 이제 타협은 불가능하다. 푸틴의 사망이 유일한 희망이다."

최근 실시된 한 설문 조사에 따르면 응답자의 30%가 "어떤 대가를 치르더라도 전쟁이 끝나기를 원한다"고 답했다.(14) 그러나 수용 가능한 협상 조건에 대한 질문에는

(13) 'US will help to export Ukrainian Diia app to other countries', AIN, Kiev, 2023년 1월 19일, https://ain.capital

(14) 'Rapport analytique sur les résultats de l'enquête Guerre, paix, victoire, avenir 설문조사 결과 분석 보고서 전쟁, 평화, 승리, 미래'(우크라이나어), <Opora>, Kiev, 2023년 7월 27일.

응답자 대부분이 모든 조건을 거부했다. 응답자 23%만이 영토 일부를 되찾지 못하더라도 전쟁을 중단할 준비가 되어 있다고 답했다. 영토 양도를 받아들이겠다는 응답자는 13%에 불과했다. 나토와 유럽 연합 가입을 포기할 수 있다고 한 응답자는 각각 28%, 27%였다. 평화를 이끌어내기 위해 러시아에 영토 또는 정치적 양보를 할 준비가 되어 있다고 답한 응답자는 8%에 불과했다.

우크라이나는 전쟁이 한창인 와중에도 여전히 표현의 자유를 상당 수준 보장하는 나라다. 도로와 거리에서 경찰의 검문을 받는 일은 드물다. 국민들은 외신 기자들 앞에서 정부와 공직자의 무능과 부패를 거리낌없이 비판한다. 하지만 우크라이나는 더이상 평범한 민주주의 국가가 아니다. 모든 TV 채널은 우크라이나 지상군의 진격, 우크라이나군이 새로 도입한 군사 장비, 민간 인프라를 겨냥한 러시아의 공격 등을 주요 내용으로 하는 지루한 뉴스만 내보내며 국민을 안심시킨다.

우크라이나는 "우크라이나에 대한 러시아 연방의 무력 침략을 정당화, 합법화 또는 부정하거나 그 가담자를 미화하는 행위"를 처벌하는 형법 제436조 2항을 신설했다. 이 조항은 러시아에 대한 협력 행위 외에도 러시아를 지지하는 의견도 처벌 대상으로 삼는다. 우크라이나 검찰청 홈페이지에 게재된 수치에 따르면 전쟁 발발 이래 이러한 이유로 기소된 경우가 2,471건에 달한다.(15)

블라디미르 체메리스의 쓰라린 경험이 대표적인 예다. 전 소련 반체제 인사이자 우크라이나 독립운동가인 그는 최근 몇 년 동안 구타와 살인을 저지르는 신나치 극우단체에 부여된 면죄부를 비난하면서 러시아에 대한 유화책을 주장해 왔다.(16) 러시아의 침공이 시작되자 그는 우크라이나군의 항복, 러시아와의 즉각적인 협상을 촉구했다.

2022년 7월 19일, SBU는 그의 집을 급습해 가택 수색을 진행했다. 그는 이 과정에서 갈비뼈 여러 대가 부러졌다. 신설된 형법 제436조 2항에 의거해 기소된 그는 아직도 재판을 받고 있다. 아내와 떨어져 홀로 키이우의 고층빌딩에 거주하며 백혈병으로 투병 중인 그는 "우리는 전체주의 체제에서 살고 있다"라고 말했다.

"물론 젤렌스키를 비판할 수 있지만 국가의 전략적 방향 설정에 반대하는 것은 상상할 수 없는 일이 됐다." 체메리스는 현재 우크라이나 감옥에 10여 명의 정치범이 갇혀 있다고 추정했다. ⒧ⅅ

(15) 'Bilan des infractions pé -nales 형법 위반사례 집계', 2022년 1~12월 ; 'Bilan des infractions pénales 형법 위반사례 집계', 2023년 1~9월 (우크라이나어), 공개 데이터 포털 사이트, 디지털전환부.

(16) 체메리스는 특히 민스크 협정 준수를 지지한다. Igor Delanoë, 'Qui veut la paix en Ukraine NATO? 문턱에서 어긋난 우크라이나 평화 열망', <르몽드 디플로마티크> 프랑스어판, 2020년 2월호.

글·엘렌 리샤르 Hélène Richard
언론인

번역·김은희
번역위원

러시아, '전쟁 옹호'라는 신기루

2023년 4월, 러시아 의회는 우크라이나 전쟁 병역회피를 원천차단하는 법안을 통과시켰다. 징병 대상자는 전자통지서를 받게 되며 출국이 금지된다. 이처럼 계속되는 전쟁은 국민에게 고통을 전가하고 있다. 국민들 간에는 전쟁 자체에 대한 견해와 별개로, 엘리트 계층에 대한 불신과 비난이 거세지고 있다.

알렉세이 사킨, 리사 스미르노바 ▮언론인

러시아는 이웃 나라 우크라이나를 침공함으로써 일으킨 폭풍 속에 표류 중이다. 전쟁이 일어난 후 러시아 경제는 붕괴되지는 않았으나, 둔화세를 이어가고 있다. 2022년에는 전년 대비 −2.1%를 기록했다. 정부로부터 독립적인 기관에서 실시한 여론조사를 포함한 각종 설문 결과, 러시아 국민 대다수는 여전히 군사 작전 지속에 찬성하는 것으로 나타났다.(1) 그러나 사회 구조의 균열이 확대되면서 전쟁에 대한 견해와는 달리, '엘리트 계층'을 불신하는 러시아인들이 늘고 있다. 2022년 2월 침공 전부터 감지되던 이 현상은 심화되고 있다.(2)

전쟁 지지층 vs. 평화 지지층, 그리고…

공포 분위기가 러시아를 사로잡고 있는 지금, 사회의 흐름을 파악하는 것은 쉽지 않지만, 독립적인 여론조사 기관이 조사 결과에 덧붙인 방법론 노트를 참고하면 유용한 정보를 얻을 수 있다. 일례로 응답률의 부족을 들 수 있다. 마케팅·여론조사 기관 러시안 필드에 따르면, '특수 군사 작전'에 관한 전체 응답률은 5.9~9.3로 전쟁 전에 시행한 설문 조사 응답률의 1/3에서 1/4 수준에 그쳤다.(3) 2023년 2월 러시안 필드가 실시한 설문 조사 결과, 확전은 지지율이 27%였고, 평화적 해법을 선호하는 비율은 34%로 나타났다.(4)

세 가지의 사회집단이 특히 눈에 띈다. 설문 조사에 따르면 응답자의 25~37%를 차지하는 '전쟁 지지층'은 시위대 진압에 찬성했고, 군사 목표를 위해 기꺼이 복지정책을 희생할 수 있다고 응답했으며, 탈영병을 규탄하기도 했다. 이런 전쟁 지지층은 노년층과 고소득층에서 특히 높았다. 반면, 응답자의 10~36%에 해당하는 '평화 지지층'은 청년층과 극빈층이 많았다. 극단적인 이 두 집단 사이에 놓인 이들은 침묵하거나 상반된 답을 내놓았다. 확전에는 반대하지만, 당국의 공식 입장에는 찬성한다는 답변자가 상당수였다.

전쟁 지지층은 SNS에서 '극렬 애국자'들의 계정을 통해 '메가폰급' 위력을 발휘한다. 이들의 표현은 현재 그 어떤 제재도 받지 않는다. 하지만 극단적인 대립을 걱정하는 정치인들은 이들을 두려워하는 분위기다. 2023년 2월, 푸틴 대통령의 정책을 적극 지지하는 정당 통합러시아당의 올레크 마트비체프 의원은 이렇게 말했다. "우리가 두려워할 대상은 마이단(Maïdan) 광장의 자유주의자들이 아

(1) 이 기사의 통계 수치는 공적 지원을 받지 않는 레바다 연구소(Levada Institute), 리:러시아(Re : Russia), 러시안 필드(Russian Fields) 등 3개 기관의 설문 조사를 바탕으로 했다. 이들 기관의 설문에서 1~2월 '특별군사작전'에 찬성하는 응답은 56~77%에 달했다.

(2) Karine Clément, 『Conte-stations sociales à bas bruit en Russie. Critiques sociales ordinaires et na-tionalismes 러시아의 소리 없는 사회 저항. 일반적인 사회 비판과 민족주의』, Éditions du Croquant, Vulaines-sur-Seine, 2021년.

(3),(4) 'Une année d'opération militaire spéciale : l'opinion des Russe 특별 군사 작전 1년: 러시아 여론', 2023년 1월 31일~2월 6일에 실시된 설문 조사, Russian Field, Moscou, www.russianfield.com

니다. 그들은 이미 도망치고 없다. (…) 이제 우리 주에 남아 있는 유일한 위험은 좌파 성향의 과격한 애국주의 시위대, 그리고 부패에 관한 논쟁이다."(5)

러시아의 침공 초기부터 군사적(혹은 준군사적) 기술을 가진 극우 활동가들로 구성된 '전쟁 통신원들'은 SNS에서 작전 상황을 전했다. 그들 중 가장 잘 알려진 인물은 러시아 연방보안국(FSB) 전 장교이자 열렬한 군주제 지지자인 이고르 스트렐코프다. 스트렐코프는 2014년에 러시아 민병대를 이끌고 우크라이나 돈바스(도네츠 분지)에 있는 슬랴뱐스크시를 침공했다. 당시 러시아 정부는 군사적으로 분리주의자들을 지원했지만, 지나치게 격앙된 이들의 성향을 우려했다.(6)

결국 스트렐코프는 돈바스 반군의 사령관직에서 물러났고, 지금은 팔로워가 100만 명에 달하는 〈텔레그램〉 채널에서 러시아 당국이 적국 우크라이나에 대해 우유부단하게

대처한다고 비난한다. 2022년 가을에 러시아군의 공세가 둔화한 이후, 스트렐코프와 여타 급진 민족주의자들은 푸틴 정권의 단점(부실한 군수품 보급체계, 취약한 무기산업, 무능하고 부패한 장성들, 엄중한 시기에 사치에 빠진 지배 엘리트 계층의 안일함)을 비난해왔다. 푸틴 대통령의 측근 중 일부는 비밀리에 서방과 화해전략을 펴고 있다.

2023년 2월 3일, 스트렐코프는 "그들은 러시아가 이 전쟁에서 패한다면 소중한 서방국을 감히 건드리지 못하겠지만, 서방은 수단과 방법을 가리지 않을 것이다"라는 글을 게재하기도 했다. 스트렐코프는 러시아 현 정부가 전쟁에서 승리할 가능성이 희박하다고 본다. 스탈린의 강력하고 팽창주의적인 정책을 찬양하는 스트렐코프의 동료 막심 칼라시니코프는 이렇게 말했다. "이제 대혼란은 피할 수 없다. 상부에서도 이 사실을 잘 알고 있기에 이들의 개입을 우려한다. 우리의 목표는

(5) '극렬 애국 시위대의 위협을 언급한 통합러시아당'(러시아어), <Politnavigator>, 2023년 2월 3일, www.politnavigator.net

(6) Juliette Faure, 'Qui sont les faucons de Moscou ?(한국어판 제목: 러시아의 매파는 누구인가?)', <르몽드 디플로마티크> 프랑스어판·한국어판, 2022년 4월호.

(7) '대혼란의 위험과 악', <Live journal>(블로그), 2023년 1월 7일, www.m-kalashnikov. livejournal.com

혼란을 국가의 승리로 바꾸는 것이다."(7)

푸틴에게 충실했던 프리고진의 돌변

충성파 전쟁 지지층에게까지 번진 제도 밖 '애국자들의 분노'는 러시아 정부의 걱정거리다. 정규군 장성들과 경쟁해 우크라이나에 배치된 러시아의 군사 용병 단체 바그너 그룹의 수장 예브게니 프리고진은 급기야 러시아의 사회적 불평등, 부패, 무능하고 수직적인 군대 서열 문제를 비판하고 나섰다. 그런 공개적인 활동은 푸틴 대통령에게 불쾌감을 심어줬고, 결국 재소자들을 상대로 용병대를 모집하던 프리고진은 교도소 출입이 금지됐다.

당시 러시아 육군 총참모장 발레리 게라시모프는 바그너 그룹에 공급되는 탄약 지원을 감축했다. 그러자 과거에 푸틴 대통령에게 매우 충실했던 프리고진은 용병들에게 스트렐코프 못지않게 군 지휘관들과 관료들을 거세게 비판하는 영상을 찍게 했다. 어느 용병은 시신 앞에 서서 "허튼짓하지 마라. (...) 고국은 우리가 지키겠다"라고 선언하는 영상을 찍기도 했다.(8) 5월 9일 러시아 전승절에 게시한 영상에서 프리고진은 푸틴 대통령을 겨냥하는 것으로 보이는 "만사형통이라고 생각하는 행복한 할아버지"라는 발언에서 한술 더 떠서 "이 할아버지가 천하의 얼간이라는 것이 밝혀지면 러시아는 어떻게 되겠습니까?"라고 덧붙였다.

(8) <텔레그램> 채널 <Razbru-zka_vagnera>, 2023년 2월 17일.

이런 분노는 전선에 있는 병사들과 장교들에게도 영향을 줬다. 2022년 9월 말에 발표된 동원령으로 32만 명(공식 통계치)에서 50만 명(독립기관 추산)이 징집됐다.(9) 2023년 4월에 러시아 의회가 채택한 전자화된 징병 통지서, 징집 대상자 영토 이탈 금지,

(9) '결혼합시다. 혼인 건수 증가는 10월 중순 징집 인원이 최소 49만 2,000명에 달한다는 것을 알 수 있다'(러시아어), <Mediazona>, 2022년 10월 24일 www.zona.media

망명자 재산 동결 조항으로 징집자 수는 더 늘어날 것으로 보인다. 이 동원령은 극빈 지역, 특히 푸틴의 전통적인 선거 기반인 인구가 적은 지방의 소도시와 마을에 영향을 미쳤다. 러시아 당국은 우선 예비역 장교와 군 경력이 있는 남성들(모스크바에서 멀리 떨어진 지역 출신으로 소득이 낮거나 평균적인 중년층)을 대상으로 자원병을 모집했다. 군국주의 신념이 아닌 애국심으로 전쟁을 지지하는 이른바 '중립론자'의 사회적 초상이라고 할 수 있다. 하지만 전쟁의 부담은 고스란히 이들의 어깨 위에 지워졌다.

반란을 막기 위해 국가는 수단을 아끼지 않는다. 병사의 한 달 급여는 평균 20만 루블(약 2,500유로)에 달한다. 산업화되지 않은 작은 마을에서 벌 수 있는 수준의 10배에 달하는 액수다. 2023년 4월, 푸틴 대통령은 유가족과 참전 용사를 위해 특별 기금을 조성한다고 발표했다. 하지만 칼라시니코프는 그해 2월 5일 유튜브 채널 <로이(Roi)>에 올린 동영상에서 오직 승리만이 정권의 존속을 보장한다고 전망했다. "완전히 새로운 현실이 다가오고 있습니다. 남자들은 무기를 쥐고 전선에서 돌아올 것입니다. 제1차 세계대전 당시 독일과 이탈리아 참전용사들처럼 정의를 강하게 불신하는 과격주의자가 돼 있을 것이고, 통합러시아당이 쏟아내는 말은 믿지 않을 것입니다."

희생자 추모 물결, 전쟁 반대 운동으로

지금까지 병사들은 다른 방식으로 '과격주의'를 표출했다. 동원된 군인들은 부대를 이탈하거나 장교들과 싸우고, 수송 열차 가동을 중단해 장비와 훈련 부족에 항의하는 등 비록 산발적이긴 하지만 자발적으로 폭동을

(10) "장교를 공격한 병사에게 5년 6개월의 징역형이라는 중형 선고", Gazeta.ru, 2023년 1월 11일, www.gazeta.ru

(11) "우크라이나 전쟁에서 러시아가 입은 손실", 인포그래픽은 정기적으로 갱신됨, <Media-zona>, www.zona.media/casualties

(12) '튜멘주에서 부상병이 미르니 병원 탈출'(러시아어), <튜멘 온라인>, Tioumen, 2023년 2월 7일, www.72.ru

(13) '징집병들이 보로네시주에서 기차에서 도주'(러시아어), <RBK>, 2023년 2월 5일, www.rbc.ru

(14) '로스토프주 돈바스 국경에서 탈영병 체포'(러시아어), <Bezformata>, 2023년 2월 3일, www.rostovnadonu.bezformata.com

(15) '불만을 제기한 징집병들', <텔레그램> 채널 <Viorstka>, 2023년 3월 9일, www.t.me/svobodnieslova/1566

(16) Alexandra Arkhipova, '공감으로 항의 표시', <Kholod>, 2023년 2월 2일, www.holod.media

일으켰다. 당국은 단속으로 불만의 첫 물꼬를 틀어막았다. 반란 군인들을 지하실에 가두어 구타하고 협박했고, 반란군 중 일부는 중형을 선고받기도 했다.(10) 1월에는 후방 부대에서 전방 부대로 병력이 대거 이동하면서 사상자가 급증했다. 2022년에 기자들이 확인한 러시아 전사자 수는 주당 200~250명(실제 규모는 훨씬 더 클지도 모른다)이었지만, 2023년 3월에는 800명을 웃돌았다.(11)

언론이 보도하는 사례보다 실제 탈영은 더욱 많을 것이다. 러시아 병사들은 병원에서 탈주하기도 하고,(12) 전방으로 이동하는 열차에서 뛰어내리기도 하며,(13) 수십 킬로미터의 행군 끝에 사라지기도 한다.(14) 징집병들의 지인들은 온라인 토론 그룹을 만들어 탈영병들이 길을 찾고, 숙소를 구하고, 정찰대 순찰을 피할 수 있게 도움을 줬다. 2월과 3월 초에는 징집된 부대 단위 전체가 전투 임무를 거부하고 후방 복귀를 요청하는 영상이 인터넷에 18건 이상 올라왔다.(15)

인류학자 알렉산드라 아르키포바는 사람들이 꽃과 인형을 들고 65개 도시, 최소 85개 장소를 찾았다고 집계했다.(16) 자발적인 행동이었음에도 '헌화 추모비' 근처에서 체포되는 사람이 생겼고, "러시아군을 모욕했다"라는 이유로 유죄 선고를 받았다. 하지만 수천 명에 달하는 러시아인이 이런 위험을 알면서도 추모비를 찾아 헌화했다. 조사단은 이들의 상당수가 전쟁 반대 집회에 한 번도 참석하지 않은 사람들이라고 밝혔다. 반정부 시위의 중심지였던 적이 없는 오렌부르크, 니즈니타길, 옴스크, 고르노알타이스크 같은 도시에도 추모비가 생겨났다.

꽃 기념비 중 우크라이나어로 된 거리처럼 우크라이나와 관련된 추모 장소는 4분의 1에 지나지 않는다. 85곳 중 47곳은 스탈

(17) 2023년 2월 27일 알렉산드라 아르키포바가 텔레그램 피드에 게시한 수치 www.t.me/anthro_fun/2075

린주의 테러나 체르노빌과 같은 인재 발생지, 반정권 투사가 사망한 장소 등 국가 범죄 또는 위법 행위의 희생자와 관련된 장소였다. 아르키포바는 이렇게 말한다. "여기에 담긴 메시지는 분명하다. 국가는 사람들을 죽였고, 지금도 사람들을 죽이고 있으며, 앞으로도 더 많이 죽일 것이다." 샤흐티와 사라토프 시민들은 파시즘 희생자 추모비를 헌화 장소로 택해 우크라이나 침략 전쟁과 나치의 소련 침공 간의 유사점을 드러냈다. 전쟁 발발 1주년을 맞아 또 다른 '헌화 시위' 물결이 일어났다. 더 경찰의 강력한 단속에도 59개 도시에서 최소 82개의 추모비가 시민들의 의지로 다시 생겨났다.(17) 국가 희생자 기념물에 헌화하는 행위는 전쟁에 반대하는 사람들의 집단행동의 형태로 자리 잡았다.

전쟁으로 국민이 단결한다면, 집단마다 어느 정도 차이를 보이기 마련이다. 하지만 사회의 모든 계층과 진영에서 같은 과정이 진행되고 있고, 바야흐로 '우리'와 '그들'에는 새로운 의미가 부여됐다. '우리'에는 다양한 의미(평범한 시민, 진정한 애국자, 국가의 희생자)를 포함하지만 '그들'의 의미는 더 명료하다. '그들'은 외부의 적뿐 아니라 정부 당국을 포함하기 때문이다. 러시아가 전쟁에서 새로운 국면을 맞지 못한다면, 러시아의 전선은 후방으로 밀려날지도 모른다.

민족주의자부터 평화주의자에 이르기까지, 모든 국민들의 눈에는 나라를 파국의 경지로 몰고 간 유일한 주범은 다름 아닌 현 정권일 것이며, 그런 점에서 우크라이나 전쟁은 곧 새로운 러시아를 위한 전쟁이 될 것이다. **Ld**

글·알렉세이 사킨 Alexeï Sakhine, 리사 스미르노바 Lisa Smirnova
언론인, '전쟁에 맞선 사회주의자들의 연대'의 회원

번역·이푸로라
번역위원

라틴 아메리카, 평화를 위한 비동맹

2023년 4월 14일, 국빈으로서 중국을 방문한 루이스 이나시우 룰라 다 시우바 브라질 대통령은 "미국은 전쟁 선동을 중단하고 평화를 위한 대화를 시작해야 한다"라고 주장했다. 많은 라틴 아메리카 국가들이 미국의 패권에서 벗어나고자 하는 상황에서, 우크라이나 분쟁에 대한 이런 발언은 상징적이다.

크리스토프 벤투라 ▮ 프랑스 국제관계전략연구소(IRIS) 선임연구원

2022년 2월 3일, 모스크바를 방문한 알베르토 페르난데스 아르헨티나 대통령은 푸틴과의 비공개 회담 후 "러시아가 라틴 아메리카에 더 활발히 진출하도록 아르헨티나가 관문 역할을 할 방법을 찾아야 한다"라고 밝혔다. 페론주의(페론 전 대통령을 계승한 아르헨티나의 정치 이념-역주) 성향의 중도좌파 출신 페르난데스 대통령은 이때만 해도 러시아가 불가침, 무력을 동원한 분쟁 해결 금지, 타국의 영토 보전 침해 금지 원칙을 포함한 국제법을 무시하고 우크라이나 무력 침공을 앞두고 있다는 사실을 모르는 상태였다.

1997년, 러시아와 중국은 이 원칙들을 천명한 첫 공동 선언문을 유엔(UN)에서 발표했다.(1) 이후 러시아는 '다극화된 새로운 국제 질서'를 장려하며 이 원칙들을 준수하겠다고 약속했다. 아르헨티나도 항상 이런 관점에 전적으로 동의했다.

19세기 말부터 전통적으로 미국의 영향권이었던 라틴 아메리카는 미국과 유럽의 미 동맹국들의 영향력에서 탈피한 새로운 국제 질서 재건 의지를 환영했다. 2000년대

<건설과 붉은 사람>, 1945 - 훌리오 알푸이

초반부터 이 지역에 수립된 진보 정부 대부분은 이런 의지를 로드맵으로 삼았다. 라틴 아메리카는 러시아가 미국의 패권주의에 제동을 걸 수 있는 국가라고 분석했다.

2022년 2월, 베이징 동계올림픽 개막식 참석 전 모스크바에 들른 페르난데스 대통령의 유일한 관심사는 코로나19 팬데믹으로 더욱 악화된 아르헨티나의 심각한 경제 · 사회 위기 해소였다. 페르난데스 대통령은 이 위기가 심화될 경우 2023년 10월 대선에서 페론주의 진영이 승리하지 못할 가능성이 크다는 사실을 잘 알고 있었다. 2018년, 보수진영의 마우리시오 마크리 전 대통령은 국제통화기금(IMF)과 차관 협정을 체결하고 고강도 긴축 정책을 받아들였다. 이런 상황에서 페르난데스 대통령의 최우선 과제는 아르헨티나를 옥죄는 부채의 부담을 완화하는 것이다. 페르난데스 대통령은 IMF가 곧 미국을 의미한다는 사실을 잘 알고 있었다.

러시아산 백신, 에너지, 무기의 위력

따라서 페르난데스 대통령은 2015년 아르헨티나와 "포괄적 전략 제휴" 협정을 체결한 러시아로 눈을 돌렸다. 코로나19 위기가 절정에 달했던 2020년 12월, 아르헨티나 국민이 코로나19 백신 1차 접종을 할 수 있었던 것은 러시아로부터 공급받은 백신 (스푸트니크V) 덕분이었다. 이 시기 다른 12개 라틴 아메리카 국가도 러시아산 백신을 공급받았다. 당시 미국은 라틴 아메리카와의 보건 협력에 매우 신중한 입장이었다. 이처럼 러시아의 관계를 회복 중인 상황에서 모스크바를 방문한 페르난데스 대통령은 기자들 앞에서 "아르헨티나가 더 이상 IMF와 미국에 너무 의존하지 말고 다른 길도 모색해야 한다

는 내 생각은 확고하다. 이 점에서 러시아의 역할이 매우 중요하다"라고 밝혔다. 미국 행정부를 향한 메시지가 담긴 발언이다.

페르난데스 대통령이 모스크바에서 보여준 외교는 많은 라틴 아메리카 국가들이 2000년대 초 이후 러시아 및 중국과 유지 중인 관계의 성격을 상징적으로 보여준다. 남반구의 다른 많은 국가와 마찬가지로, 라틴 아메리카 국가들의 목표는 무역, 정치, 군사, 기술 분야의 협력관계를 다각화하는 것이다. 다양한 협력관계 간 경쟁을 유발해 국제 체계 내에서 자신들에게 더 유리한 힘의 균형을 유지하기 위해서다. 라틴 아메리카 국가들이 현 국제 체계에 특히 불만을 품고 있는 부분은 경제적 구조보다 권력의 위계질서다.

이런 맥락에서 볼 때 러시아는 유리한 점이 많다. 러시아는 제정 시절 이미 신생 독립국 브라질(1828)을 필두로 우루과이(1857), 아르헨티나(1885), 멕시코(1890)와 외교 관계를 수립했다. 20세기 냉전 한가운데 벌어진 1962년 쿠바 미사일 위기(2)로 라틴 아메리카 국가들과 소련의 관계 개선은 절정에 달했다. 1991년 소련이 해체되자 이런 관계는 일부 단절됐다. 2000년대 들어 라틴 아메리카에서는 (대부분 미국의 역내 개입에 반대하는 지도자들이 이끄는) 좌파 정부들이 들어섰고 아프가니스탄과 중동에서의 전쟁으로 수렁에 빠진 미국은 라틴 아메리카를 상대적으로 방치했다.

그 사이 중국은 세계무역기구(WTO)에 가입했고 러시아에서는 국제무대에서 러시아의 점진적인 세력 회복을 꿈꾸는 블라디미르 푸틴이 집권했다. 라틴 아메리카의 대(對)러시아 교역 규모는 여전히 미미한 수준이지만(라틴 아메리카의 국제 교역량 중 1% 미만) 푸틴은 (인프라, 광업, 에너지(석유, 가

(1) 'Déclaration commune russo-chinoise sur un monde multipolaire et l'instauration d'un nouvel ordre international 다극화된 세계와 새로운 국제 질서 수립에 대한 러시아-중국 공동 선언문', 1997년 5월 15일, https://digitallibrary.un.org/

(2) Danielle Ganser, 'Retour sur la crise des missiles à Cuba 미사일 위기로 회귀한 쿠바', <르몽드 디플로마티크> 프랑스어판, 2002년 11월호. Peter Kornbluh, 'Missiles, mensonges et diplomatie 미사일, 거짓말 그리고 외교', <르몽드 디플로마티크> 프랑스어판, 2023년 1월호.

스, 민간 원자력), 항공, 대학 등) 다양한 분야에서 라틴 아메리카 국가들과의 관계 강화에 나섰다. 이 네 가지 요인 덕분에 2000년대 이후 러시아와 라틴 아메리카 국가 간에는 새로운 관계가 형성됐다.

러시아의 라틴 아메리카 무기 판매량 80%를 차지하는 베네수엘라는 쿠바, 니카라과와 함께 러시아의 전략적 무기 구매국이다. 브라질, 콜롬비아, 페루를 비롯한 역내 다른 국가들 역시 러시아산 군사 장비(헬리콥터, 전투기, 방위 시스템)를 수입한다. 러시아의 대(對)라틴 아메리카 교역의 50% 이상을 차지하는 브라질과 멕시코는 러시아의 주요 교역 상대국이다. 브릭스(BRICS, 브라질, 러시아, 인도, 중국, 남아공)의 틀 안에서 러시아와의 관계를 발전시킨 브라질은 라틴 아메리카 최대 대(對)러시아 수출국이다. 브라질은 러시아에 대두, 설탕, 육류, 광물을 수출하고 대신 자국의 전략적 농업 분야에 필요한 비료 대부분을 러시아에서 수입한다. 2015년, 러시아는 라틴 아메리카·카리브해 국가공동체(CELAC) 및 33개 회원국과도 공식적인 외교 관계를 수립했다.

아르헨티나 또는 브라질이 러시아산 비료에 의존하듯, 많은 라틴 아메리카 국가들은 이제 특정 분야에서 러시아와의 관계를 끊을 수 없는 상황이다. 특히 유엔 라틴 아메리카·카리브해 경제위원회(CEPAL)가 "120년 만의 최악의 경제 위기"(3)로 평가한 코로나19 팬데믹으로 라틴 아메리카의 러시아 의존 현상은 더욱 강화됐다. 세계적 보건 위기에 우크라이나 전쟁이 야기한 인플레이션 압력 및 원자재 가격 상승까지 겹쳤다. 그 결과 농업 생산 비용이 증가했으며, 탄화수소를 수입에 의존하는 중앙아메리카, 카리브해, 남아메리카(칠레) 국가들의 에너지 소비

(3) Eva Vergara, 'Pandemia es peor crisis en América Latina en 120 años, Cepal', <Associated Press>, New York, 2020년 12월 16일.

도 증가했다. 반면 탄화수소와 원자재를 생산 및 수출하는 국가들(아르헨티나, 볼리비아, 브라질, 칠레, 콜롬비아, 페루, 파라과이, 우루과이 등)은 조금 더 유리한 입장에 놓였다. 게다가 우크라이나 전쟁 발발 이래 미국 연방준비제도(Fed)가 인플레이션 억제를 위해 수차례 금리를 인상하자 국제 자본은 라틴 아메리카에서 미국 시장으로 후퇴했다.

라틴 아메리카 내 우크라이나의 입지는?

라틴 아메리카에서 우크라이나의 (경제적) 영향력과 (정치적) 명성은 적국 러시아에 비해 심각한 열세에 놓여 있다. 단, 우크라이나와 라틴 아메리카 좌파 정부들의 관계 개선에 오히려 걸림돌로 작용하는 쿠바 관련 문제에서는 예외다. 2019년 이후, 우크라이나는 미국의 동맹국으로서 1962년 미국이 쿠바에 부과한 금수 조치 해제를 촉구하는 유엔 총회 투표에서 매번 기권표를 던졌다.

라틴 아메리카에서 우크라이나를 지지하는 정부는 하나뿐이다. 바로 알레한드로 잠마테이 과테말라 대통령의 우파 정부다. 2022년 7월 25일, 잠마테이 대통령은 우크라이나의 키이우를 방문했다. 그는 볼로디미르 젤린스키 대통령을 지지하기 위해 우크라이나를 찾은 최초이자 유일한 라틴 아메리카 지도자다. 잠마테이 대통령의 우크라이나 방문은 미국에 보내는 충성의 메시지였다. 과테말라 정부는 부패 등 여러 문제로 미 행정부와의 관계가 냉각된 상태며 2023년 6월 총선을 앞두고 있었다. 이런 상황에서 잠마테이 대통령은 미국의 화답을 바라고 미국에 대한 '동조'를 표한 것이다. 미국이 부과한 대(對)러시아 제재를 적용하거나, 우크라이나

에 무기를 지원하겠다는 라틴 아메리카 국가는 없다.

역시나 미국의 영향권인 중앙 아메리카 국가들도 미국에 대한 동조를 거부하고 있다. 미국 정부의 눈 밖에 난 포퓰리즘 성향의 독재자 나이브 부켈레 대통령이 이끄는 엘살바도르는 러시아를 규탄하는 유엔 결의안에 자동적으로 기권표를 던졌다. 전통적으로 미국에 적대적인 볼리비아, 쿠바의 뒤를 따르는 행보다. 니카라과는 2022년 2월 28일 유엔 결의안 표결에서 기권 후 러시아를

직접적으로 지지하는 국가 대열(벨라루스, 북한, 에리트레아, 말리, 시리아)에 합류했다. 유엔 분담금 체납 때문에 결의안 표결에 참여하지 못한 베네수엘라는 글로벌 에너지 위기가 만들어 낸 새로운 정세를 관망하며 동맹국 러시아에 대한 충성과 미국과의 대화 재개 및 관계 정상화 사이에서 줄타기 외교를 하고 있다.

라틴 아메리카의 표심은 여러 논리의 조합으로 결정된다. 라틴 아메리카는 국제법, 국경 보전, 국가 주권 존중, 일방주의와 무력을 동원

한 분쟁 해결 거부, 평화적 해결책을 모색하는 비동맹주의라는 전통적인 외교적 입장을 고수한다. 미국과 서구 열강에 대한 경제적 불신의 정도도 라틴 아메리카의 표심에 영향을 미친다. 라틴 아메리카는 또한 중국과의 관계를 중심으로 재편되고 있는 불확실한 국제 질서 속에서 실용적인 방식으로 자국의 정치 · 경제적 이익을 추구한다. 이처럼 다양한 논리를 바탕으로 대부분의 라틴 아메리카 국가들은 러시아의 우크라이나 침공은 규탄하지만, 대(對)러시아 규제에 연대하는 유엔 문건 채택에는 찬성하지 않는다.

그런데, 라틴 아메리카 국가들이 러시아를 직접 지지하기는 어려워졌다. 러시아가 미국처럼 역사적으로 자국의 영향권에 있는 지역에서의 분쟁을 해결하겠다고 나섰기 때문이다. 루이스 이나시우 룰라 다시우바 브라질 대통령의 국제 정책을 담당하는 세우수 아모링 특별 고문은 "나토의 확장이 러시아의 우크라이나 침공에 구실을 제공했지만, 이 점이 한 국가가 다른 국가를 군사적으로 침략하는 행위를 정당화해서는 안된다"라고 설명했다. 아모링 특별 고문은 또한 러시아와 우크라이나의 휴전 및 협상을 통한 해결책 모색을 지지하는 '평화를 위한 국가 그룹' 창설을 제안했다.

룰라 대통령이 2023년 2월부터 라틴 아메리카, 미국, 유럽(특히 프랑스, 독일, 스페인, 포르투갈), 러시아, 우크라이나, 인도, 중국, 아랍

에미리트에 제안한 이 이니셔티브는 중국뿐만 아니라 브릭스 회원국인 남반구 국가들, 우크라이나 분쟁과 관련된 (서구 및 비서구) G20 회원국 전체가 참여하는 다자 프로세스 구축을 목표로 한다. 여러 국가의 대대적인 참여를 통해 우크라이나 분쟁의 평화적인 해결을 찾겠다는 의도다. 브라질은 인도네시아, (2023년 G20 의장국) 인도, (2023년 브릭스 정상회의 개최국이자 2025년 G20 의장국) 남아프리카 공화국에도 동참을 촉구했다. 브라질은 이 외교 프로세스를 구상하는 과정에서 러시아가 2024년 브릭스 의장국, 브라질이 2024년 G20 의장국, 2025년 브릭스 의장국을 맡을 예정이라는 사실도 고려했다.

룰라 대통령은 유엔 안전보장이사회를 우회하는 이 평화 이니셔티브는 궁극적으로 (기후, 평화, 경제, 디지털, 민주주의 등) 다양한 국제 문제를 담당하는 "정치적 G20"을 탄생시키고 남반구 국가들에 더 유리한 새로운 논의 형식의 출현으로 이어질 것이라고 주장했다.

과연 룰라 대통령의 계획은 서구 열강의 관심을 모을 수 있을까? 일단 현재로서는 어려워 보인다. 미국과 EU는 룰라 대통령의 제안이 너무 순진한 발상이며, 브라질이 러시아 및 중국과 너무 친밀하다고 비난하며 브라질의 우크라이나 전쟁 중재 정당성을 인정하지 않는다. 그럼에도 룰라 대통령의 계획은 의미가 있다. EU, 유럽 국가, 미국, 우크라이나, 러시아에서 만연하며 세계 평화를 위협하고 있는 극단론과 구분되는 유일한 이니셔티브이기 때문이다. **LD**

글·크리스토프 벤투라 Christophe Ventura
프랑스 국제관계전략연구소(IRIS) 선임연구원. 주요 저서로 『Géopolitique de l'Amérique latine 라틴 아메리카의 지정학』(Éditions Eyrolles, Paris, 2022)이 있다.

번역·김은희
번역위원

<"무함마센" 흑인 공동체의 난민 수용소에서 바라본 예멘 아덴의 전경>, 2021 - 마티아 벨라티 _ 관련기사 70면

MONDIAL

지구촌

독일군 개혁프로그램 '시대전환'의 불편한 진실

솔츠 총리의 군 현대화는
미 · 이스라엘에 유리한 '나토식' 군 개혁

우크라이나 전쟁은 유럽 각국의 군 수뇌부가 전략적 노선을 수정하는 계기가 되고 있다. 특히 영향을 많이 받은 국가는 독일이다. 냉전 이후 감축을 거듭해온 독일 연방군은 긴축정책으로 인해 더욱 어려워졌다. 과연 2022년 발표된 현대화 계획은 현 상황을 뒤집을 수 있을까?

토마스 슈네 ▌기자

2022년 2월 27일 올라프 솔츠 독일 총리는 독일 연방하원(Bundestag)으로부터 독일군 현대화를 위해 1,000억 유로 규모의 특별방위기금 조성안을 승인받았다. 아직 수혜자는 많지 않다. 하지만, 독일의 대표적인 항공전자 기업 핸솔트의 토마스 밀러 대표는 다음과 같이 낙관적인 발언을 했다.

"독일에서는 2,500만 유로 이상의 대규모 군비계약의 경우, 연방하원의 심의를 통과해야 한다. 당연히 준비 기간이 소요된다. 2022년 통과된 사업은 아직 많지 않지만, 2023년에는 70건 이상의 사업이 심의를 통과할 것이다. 이는 분명 기록적 수치가 될 것이며, 이런 상승세는 2026년까지는 지속될 것으로 전망한다."

물론, 이미 수혜를 누리는 기업들도 있다. 미국 굴지의 두 공룡기업 록히드마틴(F35 스텔스 전투기)과 보잉(CH-47 헬리콥터, 애로우 3 지대공 미사일 방어체계), 그리고 이스라엘 방산업체 IAI(애로우 3)가 대표적인 수혜기업으로 손꼽힌다. 물론 독일의 최대 군수업체 라인메탈(레오파드 전차)도 당연히 포함된다. 특히 라인메탈 대표 아르민 파페르거는 최서 180억 유로, 최대 400억 유로 규모의 군수계약을 체결했다. 그는 이 군

수계약의 파급효과가 1,350개 하청기업 내 약 10만 명의 노동자에게 그 파급효과가 미칠 것이라 기대한다. 현재 유명 전차 레오파드2의 생산에 참여하는 하청기업만 200개가 넘는다.

러시아와 우크라이나의 전쟁 초기인 2022년 3월 27일, 솔츠 총리는 돌연 전략적 · 군사적 '시대전환'을 선언하며 전 세계를 깜짝 놀라게 했다. 독일은 오랫동안 동맹군에 안보를 의존해왔지만, 러시아 침공이 초래한 유럽의 전략적 변화에 대응하려면 국방문화를 철저히 개혁해야 한다는 게 솔츠 총리의 판단이었다. 솔츠 총리는 과거의 원칙에서 완전히 벗어나 우크라이나에 대규모 무기를 지원하고, 독일 연방군의 재무장을 위해 특별기금 조성을 결정했다. 또한 국내총생산(GDP) 대비 2%(독일은 북대서양조약기구(NATO)가 요구하는 이 수준을 1990년 이후 충족한 적이 없다) 수준까지 국방예산을 증액하겠다고 발표했다. 이런 독일의 획기적인 노선 변화를, 정치계 인사들 대다수가 환영했다. 특히 이 행렬의 선두에 선 정당들 중에는 과거 평화주의의 사도를 자처하던 녹색당도 있었다.

"독일 연방군은 파산상태"

현재 독일군이 처한 중대한 문제를 고려하면, 군사 및 산업 부문에서 막대한 노력이 필요한 현 개혁안을 발표하게 된 사정을 충분히 이해할 수 있다. 특히 러시아가 우크라이나를 침공한 당일, 알폰스 마이스 독일 육군 총사령관이 했던 발언은 독일군의 현실을 노골적으로 일축한다. 그는 자신의 링크드인(Linkedin) 계정에 "독일 연방군은 파산상태"라는 글을 게시한 데 이어, 독일군은 며칠 이상 국토를 방어하기 어려운 상태라고 설명했다.

지난 3월 14일, 의회에서 군의 현실을 경청하는 '귀' 역할을 하는 에바 회글 국방위원은 연례 보고서를 발표하는 자리에서 이렇게 말했다. "독일 연방군의 상황은 매일 나빠지고 있다. 지난해 비슷한 시기에, 나는 독

<은혜로운 상태의 여성 기관총 사수>, 1937 - 한스 벨머

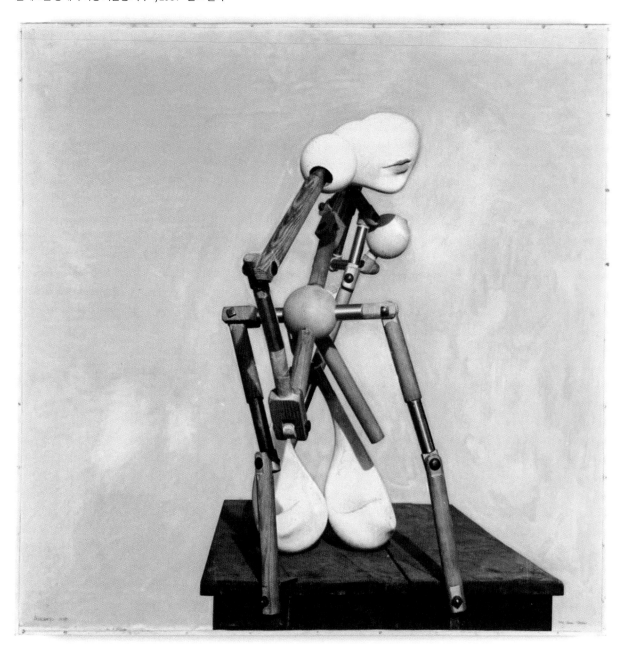

일군의 거의 모든 것이 부족하다고 했는데, 지금은 모든 것이 부족하다고 할 지경이다." 더욱이 그녀는, 빈약한 무기고에서 어렵게 우크라이나 지원에 소진한 무기도 아직 확충되지 않은 상황이라고 덧붙였다. 현재의 독일은, 1개월을 버티는 데 필요한 탄약(NATO 가이드 라인에 규정된 최소한의 기준)을 재비축하는 데만 200억 유로가 소요될 것으로 추산된다. 연방 해군은 독일이 자랑하는 초계함 K130에 탑재되는 주요 무기, RBS15 미사일을 고작 14기 보유하고 있다. 즉, 1척당 3발이 전부인 셈이다!

국방예산 감축은 독일 연방군의 합동훈련에도 걸림돌이 되고 있다. 독일군의 노후한 장비는 동맹군이 운용하는 신식무기 체계와 교신에 어려움이 많기 때문이다. 그런 점에서, 15억 유로 규모의 통신장비 2만기가 구매계획 목록 상단에 오른 것은 주목할 만하다. 그러나 2023년 9월 말 인도된 초기 장비 400기는 운반수단의 전자시스템과 호환이 되지 않는 문제가 있었다.

시설 개선에만 50년이 걸릴 수도 있어

한편 새로운 무기 체계의 안정성도 논란 거리가 되고 있다. 가령 보병전투차량 푸마는 '너무 무겁다'라는 평가와 함께 수차례 보완 작업을 거듭했다. 1996년 설계, 2015년 인도되고 2021년 전투 적합 판정을 받았던 이들 전투차량이 최종적으로 NATO 기동군 훈련에 본격 배치된 것은 2022년 12월이었다. 그런데 이들 전투차량 중 무려 18대가 훈련 중 결함을 드러냈다.

병력 차원에서도 비슷한 문제가 드러났다. 혹한기에 병사들은, 방한이 잘 되는 군복을 자급자족하고 있다. 지급되는 군복은 물론, 군 시설도 추위를 잘 막지 못하고 있기 때문이다. 노후한 군 시설을 개선하는 비용만 무려 500억 유로가 들 것으로 추산된다. "연간 10억 유로씩 투자되는 현실을 감안한다면, 시설 개선에만 50년이 걸리는 셈"이라며, 에바 회글 위원이 우려를 표했다.

오랫동안 독일 연방군은 서유럽 최고의 군대로 인식됐다. 적어도 사이버 공간에서는 그랬다. 1955년 11월,

서독이 이견 없이 받아들인 냉전의 논리 속에서 독일 연방군은 동맹국의 주도로 창설됐다. 독일의 국방 예산은 1953년 GDP 대비 4.2%에서 1963년 5.2%로 확대된 데 이어, 1986년까지 줄곧 3%대를 유지했다. 1980년대, 12개 육군 사단에 소속된 현역군인 49만 5,000명과 예비군 80만 명이 7,000여 대의 각종 전차와 장갑차에 힘입어 소련의 위협으로부터 서구를 방어할 태세를 갖췄다. 여기에 전투기 1,000여 대를 보유한 15개 공·해·군 부대와 18개 대공미사일 부대, 그리고 미사일 고속정 40대 등도 든든한 지원군 노릇을 했다.

통일 이후 국방비 대규모 감축

그런데, 베를린 장벽과 함께 독일군의 규모도 붕괴됐다. 1994년 34만 명의 소련군이 독일에서 철수했다. 같은 해 국방백서에서도 변화한 현실을 지적했다. "몇 세기에 걸친 중대한 핵전쟁 위기는 과거사가 됐다. 지금까지 독일 연방군에게는 중부유럽에서 수적으로 우세한 재래 전력의 대규모 침략을 막아야 할 임무가 있었지만, 이런 위협 역시 사라졌다." 다시 주권을 회복한 독일은 전략적 변화 속에서 군사력 감축을 결정했다. 1990년 이후 독일은 꾸준히 국방비를 줄여나갔다. 2000년대 이후 줄곧 GDP 대비 평균 1.2% 수준(2023년 1.6% 예상)을 유지했다. 독일 연방군 병력은 60만 명에서 18만 3,000명(3개 육군 사단), 전차도 4,000대에서 350대로 축소됐다.

국토방위는 어느새 옛일이 돼버렸다. 2001년 9.11 테러 이후 등장한 새로운 세상에서, 정치지도자들은 독일 연방군이 대테러 전쟁과 평화유지를 위한 다국적 작전의 일환으로, 머나먼 '작전현장'에 잘 무장된 소규모 부대를 파견할 수 있는 적임자라고 판단했다. 독일의 입장에서도 한결 간소화된 임무는 메르켈이 표방한 긴축 정책이나 평화를 열망하는 국내 민심과 잘 맞아떨어졌다. 뿐만 아니라 "절대 단독으로 행동에 나서지 말라"를 대외 정책의 모토로 내건 독일의 전략적 노선 부재 상황에도 잘 부합했다.

2009년 이후 볼프강 쇼이블레 신임 재무장관(기독민주연합(CDU))과 칼-테오도르 추 구텐베르크 국방장관(바이에른 기독사회연합(CSU))은 국방 예산을 축소하고, 병역 의무제를 폐지(2010~2011년 개혁)했다. 훗날 폴커 뤼헤 전 국방부 장관으로부터 '독일 연방군을 파괴'했다는 평가를 받기도 한 재정감축안은 구텐베르크의 뒤를 이어 장관에 오른 토마스 메지에르가 극단적인 정책을 취하는 바탕이 됐다. 메지에르 장관은 국방부와 그리고 프랑스 방위사업청(DGA)에 해당하는 독일의 연방조달청에 대해 대대적인 인력감축을 단행하는가 하면, 그 밖에도 중대한 파급효과를 미칠 수 있는 각종 결단을 내렸다.

'카프카식 악몽'으로 바뀐 군수조달 절차

2011년 이후, 독일 연방군의 유지보수작업장에서는 부품의 재고 비축이 금지됐다. 부품을 새로 주문할 수 있는 경우는 결함이 발생했을 때로 제한됐다. 장비 가용률은 당연히 추락했다. 전투기나 전차를 뜯어 다른 장비를 수리하는 데 부품을 재활용하는 장비 '해체' 작업이 증가했다. 더욱이 장관은 헬무트 슈미트(1974~1982년) 시절 설치된 기획참모부를 폐지하고 모든 대규모 군수사업 관리를 국방부로 중앙집중화했다.

지도층의 교조적인 자유주의 행태는, 독일 연방군 대부분의 군수조달 절차를 카프카식 악몽으로 바꿔버렸다. 새로운 무기 체계를 도입하기를 희망하는 군은 본과 베를린 각지에 3,000명 직원을 거느린 연방 국방부는 물론, 코블렌츠에 소재한 1만 2,000명으로 구성된 신성불가침한 행정기구, 연방조달청을 동시에 거쳐야 했다. 하지만 두 행정기구는 군수사업 관계자들을 한데 모아 운영회의를 여는 것을 선호하지 않았다. 그 결과, 몇 년에 걸쳐 서로 서류를 돌려가며 각자 업무를 따로 진행했다. 기업인 토마스 뮐러는 "결재 7번으로 족한 사업 한 건에, 30번 이상 결재를 받아내야 하는 경우도 있다"라고 토로했다. 더욱이 업체와의 소통과 의회 심사도 거쳐야 했다. 그러니 모든 절차를 마친 뒤, 군이 새로운 시대 상황에 맞추어 또다시 본안의 개선을 요구하는 경우가 빈번했다.

"전투를 목적으로 하지 않는 군대에는, 일단 전략적 비전이 없다"라며 칼를로 마살라 독일 연방군 대학 교수가 지적했다. 그는 이어, 다음과 같이 신랄하게 비판했다. "하지만 더 심각한 문제가 있다. 최신 전차가 몇 년씩 늦게, 그것도 훨씬 비싼 가격에 도입된다는 것이다. 결국, 그 전차를 이용할 사람은 없을 것이다!"

실제로 독일 해군이 자랑하는 F125 호위함은 무려 6년 늦게 51% 인상된 가격에 도입됐다. 무인정찰기 유로호크도 6억 유로의 비용을 쏟아붓고도 결국 개발 사업이 무산됐다. NH90 헬리콥터도 11년 늦게 독일 공군에 인도됐으며, 에어버스가 생산한 대형 수송기 A400M는 인도 예정일을 무려 13년 6개월이나 넘겼다. 2005년 착수한 중거리미사일방공망(MEADS) 도입 사업도 수십억 유로의 개발 비용을 쏟아부었지만, 끝내 빛을 보지 못했다!

숄츠 총리의 '시대 전환'은 새로운 게 아니다

숄츠 총리의 '시대 전환'은 이런 난맥상에 종지부를 찍기를 원한다. 가령 독일은 '군수조달체계 간편화 법률'을 채택하고, 독일 연방군 '통합영토사령부'를 신설했다. 또한 1년이 넘도록 국방부가 개혁에 요지부동이자, 결국 독일 총리는 전 니더작센주 내무장관 보리스 피스토리우스에게 새로운 개혁의 임무를 맡겼다. 그는 곧바로 독일 연방군 수장과 연방조달청장, 정무차관을 해임하고, 2023년 4월 중순 첫 개혁안을 발표했다.

신임 장관은 "이제부터 모든 군수 조달 체계에서 최우선 순위는 바로 시간"이라고 말했다. 앞으로 새로운 무기 체계를 개발할 때는 조기에 군사전문가의 의견을 반영할 수 있도록 했다. 또한 지금까지 우크라이나 군사지원을 조율하던 크리스티안 프로이딩 장군을 사령탑으로, 대규모 군수사업을 담당할 기획참모부를 재설치하기로 했다. "국방부 내에서는 수년에 걸쳐 관할기관이 계속 쪼개졌다. 문제를 개선하는 데는 10~15년이 소요될 것이다." 독일 싱크탱크 독일외교정책협회(DGAP) 연구소장 크리스티안 묄링이 평가했다.

군사전문 기자이자 예비군 협회지 〈로얄〉의 편집장, 비욘 뮐러도 다음과 같이 지적했다. "언론에 대서특필되면서, '시대 전환'에 갑작스럽게 기대가 증폭됐다. 하지만 이미 국방개혁은 2018년 시작된 일종의 장거리 경주다." 사실상 2014년 러시아의 크름반도 강제 병합 사건은 이미 군사전략가들을 큰 충격에 빠뜨리며, 2016년 독일 국방백서에 다시금 영토 방위가 화려하게 부활하는 계기를 제공했다. 그리고 이런 내용은 2018년 작성된 문건, 〈독일군의 군사적 역량〉에서 한층 구체화됐다.

'나토식' 꿈을 비치는 독일의 속내

독일 총리는 프라하 카렐 대학교(2022년 8월)와 뮌헨 안보회의(2023년 2월), 그리고 스트라스부르의 유럽의회(2023년 5월 9일)에서 차례대로 유럽연합을 주제로 연설할 기회가 있었지만, 결코 독일의 선택이 무엇인지 구체적으로 거론하지 않기 위해 각별히 주의했다.

독일이 군사적으로는 확실하지만 정치적으로는 불안정한 동맹, NATO를 통해 미국에 예속되는 길을 택할지, 아니면 프랑스에게만 득이 될 뿐, 발트해 연안 국가들을 비롯한 중유럽 국가들의 심기를 건드려 독일 재정수입에 큰 타격을 입힐 수도 있는 유럽의 군사적 독립을 추구할 것인지, 총리는 끝내 말을 아꼈다. 하지만 독일의 각종 발표를 지켜보면 이미 그들이 선호하는 길은 확연하다. 프랑스식 해법을 배제하고, 독일, 미국, 이스라엘의 체계에 유리한 '나토식' 꿈, '유럽 방공망' 통합 체계를 선택하기로 한 것이 분명해 보인다.

그런 독일의 속내를 여실히 보여주는 예가 있다. 독일은 2022년 말 F35 미국산 전투기 35대를 구매하는가 하면, 독일 기업인들이 3년간 고투를 벌인 끝에 가까스로 출범한 프·독 차세대 전차 개발 사업(지상전 지유 시스템, 영어 약자는 MGCS)의 추진 여부를 둘러싸고도 불협화음이 끊이지 않는다. 유로드론과 미래전투항공체계(FCAS)와 같은 유럽 방위 사업만으로는 이런 경향을 뒤집기는 힘들어 보인다.

의사결정을 최대한 미루고, 최후의 순간에서야 비로소 중대한 군사적 결정을 발표하는 데 익숙한 독일은 지난 6월 연방공화국 역사상 최초로 '국가안보전략'을 발표했다. 이 문서는 물론 수많은 문제를 다루고 있지만, 여전히 독일의 단기적 선택에 대해서는 모호한 태도로 일관할 뿐이다. ⓛⒹ

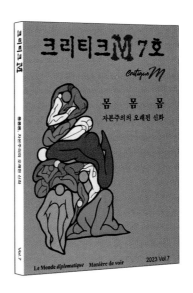

크리티크M 7호
『몸몸몸, 자본주의의
오래된 신화』
권당 정가 16,500원

글·토마스 슈네 Thomas Schnee
기자. 베를린 특파원.

번역·허보미
번역위원

캄보디아와 베트남의 국경 분쟁

전 세계적으로 이웃 국가 간 분쟁의 대상인 육상 국경은 50개가 넘는다. 그중에는 정기적인 충돌을 유발하거나, 동결 상태에 접어들었거나, 관련국들이 협상 의지를 갖고 해법을 모색 중인 분쟁도 있다. 베트남과 캄보디아는 의견이 서로 다른 10%의 국경선을 놓고 12년 넘게 합의점을 찾지 못하고 있다.

루이 레몽 ▮〈르몽드 디플로마티크〉 특파원, 기자

베트남과 캄보디아를 오가는 육로 중 통행량이 제일 많은 목바이-바벳 국경 검문소는 양국이 오랫동안 국경문제로 대치 중이라는 사실을 전혀 짐작할 수 없는 분위기다. 베트남 경찰은 버스에서 내린 외국인 관광객을 친절하게 맞이해 여권에 입국 도장을 찍어준다. 입국 심사는 겉치레에 불과하다. 하지만 좀 더 자세히 살펴보면, 국경 수비대 초소 바로 앞에 붙어 있는 세 장의 포스터가 메콩 삼각주를 공유하는 양국 관계의 역사는 메콩강의 물결처럼 잔잔하게 흐르지 않았다는 사실을 상기시킨다.

이 포스터들에는 응우옌 왕조 민 망 황제(1820~1841) 시대의 베트남 지도가 인쇄돼 있다. 이 지도들은 무엇보다 중국을 비롯한 여러 국가와 영유권 분쟁을 겪고 있는 남중국해 스프래틀리 군도와 파라셀 군도에 대한 베트남의 주권을 주장하기 위해 붙여 놓은 것이지만 응우옌 왕조 시절의 국경을 상기시키기도 한다. 이 시절 베트남은 현 캄보디아 수도 프놈펜을 포함해 톤레사프 호수 기슭까지 영토를 확장했다.

메콩 삼각주를 둘러싼 4개 언어 집단

농경지가 드넓게 펼쳐진 메콩 삼각주는 메콩강의 상류와 하류가 갈라지는 프놈펜에서 300km 아래 남중국해까지 이어진다. 그 면적은 네덜란드 국토 면적과 비슷하며 매년 톤레사프 호수의 주기적인 수면 상승이 만들어내는 천연 수리(水利) 시스템은 메콩 삼각주를 세계에서 가장 비옥한 평야로 만들었다. 18세기, 메콩 삼각주는 4개의 민족 언어 집단, 즉 베트남인(비엣족), 크메르족, 참족 그리고 중국인 간 교류의 장이 됐다.

하지만 19세기 전반부터 점차 세력을 키운 안남족(식민지배 시절 프랑스인이 현 베트남인을 부르던 명칭)은 이 지역에 군대를 전진 배치하고, 요새를 건설하고, 땅을 개간했다. 안남족의 영토 확장주의를 두려워한 캄보디아는 1863년 프랑스 보호령을 자처했다. 크메르 왕국의 앙 두옹 왕(1796~1860)은 시암 왕국(현 태국)과 안남국의 지배를 면하기 위해 유럽에 보호를 요청했으며 1859년 프랑스 해군의 사이공(현 호치민시) 점령을 돕기 위해 군대를 파견하기도 했다.

프랑스는 약속대로 크메르 왕국을 '보호'했으나, 크메르족은 프랑스에 불만이 있었다. 프랑스는 안남족이 크메르족보다 더 근면하다고 여기며, 그들의 캄보디아 이주를 장려했다. 안남족은 고무나무 농장에서 일하거나 하급 공무원으로 근무했다. 1950년대 초, 캄보디아에 정착한 안남족은 프놈펜 인구의 1/3을 차지했다.

캄보디아와 (남북으로 나뉜) 베트남은 각각 1953년, 1954년 프랑스로부터 독립했다. 막 식민지배에서 벗어나 국가 통합에 힘쓰던 두 신생 독립국에게 캄보디아 거주 베트남 소수 민족과 남베트남 거주 크메르 소수 민족(크메르 크롬족)을 관리하는 일은 쉽지 않은 과제였다. 프랑스 식민지배는 메콩 삼각주를 둘로 가르는 국경선이라는 유산을 남겼다. 이 국경선은 이 지역의 '표범무늬' 형태 인문 지리학적 경계와 일치하지 않았다. 그 결과 캄보디아와 베트남의 오랜 원한은 더욱 깊어졌고 증오로까지 발전했다.

남베트남(베트남 공화국)은 동화 전략을 선택했다. 1955년 초대 대통령으로 취임한 응오 딘 지엠이 1963년 암살되기 전까지 남베트남을 통치했던 시절, 캄보디아와의 외교·군사적 긴장이 유지되는 상황에서 50만 명의 크메르 크롬족은 '베트남식' 이름으로 개명을 강요받았다. 캄보디아에는 1960년대 말까지 50만 명 이상의

베트남인이 계속 거주했다. 응오 딘 지엠은 (캄보디아를 통한 북베트남 공산주의자들의 침투를 막기 위해) 캄보디아 거주 베트남인에게 국경 지역 토지를 제공하며 베트남으로의 이주를 유도했지만 이들은 메콩강과 톤레사프 호수에서의 수상생활 방식을 쉽게 포기하지 않았다.

1970년 3월 18일, 캄보디아의 론 놀 장군은 쿠데타를 일으켰다. 이후 캄보디아에 거주하는 베트남인에 대한 박해가 시작됐고 이들 중 대부분은 캄보디아를 떠나야 했다. 이 시기는 미 공군이 캄보디아와 베트남 국경 지역에 대규모 공습을 진행한 시점과도 맞물렸다. 결국 베트남과 캄보디아 간 국경은 과거 한 번도 존재한 적 없었던 민족 경계선으로 변했다. 크메르 루주 집권(1975~1979)과 통일을 이룩한 베트남이 캄보디아를 점령했던 제3차 인도차이나 전쟁(1978~1989)(1)으로 양

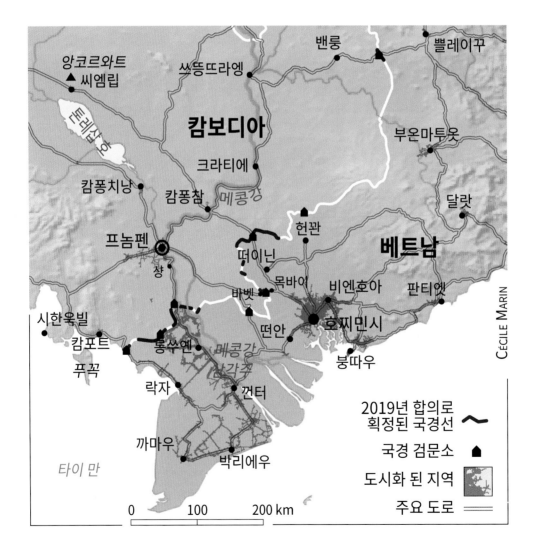

국 간 감정은 더욱 악화됐다.

크메르 루주는 메콩 삼각주를 캄보디아가 되찾아야 하는 영토로 여겼다. 이 공산주의 무장 정권은 끊임없이 국경 지역에 침입해 베트남 마을들을 불태웠고 특히 1977~1978년에는 수백 명의 베트남 주민을 학살했다. 1979년 베트남군이 프놈펜을 점령한 후 국경 지역 폭력사태는 줄었지만 사라지지는 않았다. 미셸 블랑샤르 기자에 의하면 베트남군 철수 4년 후인 1993년까지 폭력 사태가 이어졌다.(2) 30년이 지난 지금, 학살의 흔적은 피해 마을들에 붙어 있는 습기에 녹슨 추모 명판으로만 남아있다. 이제 양측 정부는 영토 관할권을 초월해 이 고통스러운 과거의 유산과 화해할 필요성을 인식하고 있다.

무국적자가 된 캄보디아의 베트남인들

캄보디아 칸달주(州) 사앙에 거주하는 베트남 국적의 응우엔 티 투 하는 1967년 캄보디아에서 태어났다. 그녀의 부모님은 베트남으로 피신했다가 1980년 캄보디아로 돌아왔다. 이후 그녀는 계속 캄보디아에 살고 있지만, 캄보디아 국적이 없기 때문에 임시 거주증 발급을 위해 매년 25만 리엘(약 58유로)을 지불해야 한다. 이는 캄보디아의 10일 치 최저임금에 달하는 금액이다. 그녀는 "베트남 대사관이 이 비용을 지원한다"면서 놀라운 이야기를 들려줬다. 주민 대부분이 베트남인인 메콩강 또는 톤레사프 호수 유역 다른 마을들에서 그녀의 이야기가 사실임을 확인했다. 베트남 외교부와 가까운 소식통은 "정치적인 이유 때문에 적극적으로 홍보하지 않는 지원책"이라고 설명했다.

생활 여건이 불안정한 베트남 소수 민족이 가장 먼저 희생되는 반(反)베트남 정서를 부추기지 않기 위해서다. 하지만 베트남 정부는 영향력을 행사하며 법적 지위가 모호한 베트남인을 보호하고 있다. 1996년 제정된 캄보디아 국적법은 캄보디아에 정착한 베트남인을 캄보디아 국민으로 인정하지 않기 때문에 이들은 무국적자 신세다. 이들이 캄보디아 국적을 취득하려면 여러 세대에 걸친 캄보디아 혈통을 증명해야 하는데 이는 캄보디아 행정의 연속성 부재와 크메르 루주 통치 시절의 행정 기록 소실로 쉽지 않은 실정이다.

베트남에 거주하는 1,300만 크메르족의 상황은 다르다. 이들은 베트남 국적을 갖고 있지만 정체성, 문화, 종교의 이유로 여전히 스스로를 캄보디아인으로 여기는 성향이 강하다. 베트남 정부는 크메르족을 베트남에 존재하는 54개 소수 민족 중 하나로 공식 인정하지만 국제 비정부기구(NGO)들은 이들의 권리, 특히 종교적 권리 침해를 정기적으로 보고하고 있다.

민족 자결권과 종교적 자유 존중을 주장하는 크메르 캄푸치아 크롬 연맹(KKK)은 2007년을 마지막으로 대규모 시위는 중단했지만 여전히 활동 중이다. 베트남 경찰은 계속 이 운동단체를 면밀히 감시하고 있다. KKK 소속 운동가 즈엉 카이는 베트남에 거주하는 크메르족에게 유엔 원주민권리선언(UNDRIP)을 알리기 위해 이 선언문을 SNS에 게재했다.

이로 인해 그는 2021년 4월 13~14일 구금됐다. 같은 해 6월 22일, 유엔 특별 조사위원들은 이 사실을 유엔 제네바 사무국에 보고했다. 베트남 경찰은 협박성 목적으로 체포한 즈엉 카이를 석방할 때 UNDRIP 크메

(1) Patrice De Beer, 'Cambodge : de l'intervention au désa-stre 캄보디아: 재앙으로 변한 개입', <르몽드 디플로마티크> 프랑스어판, 1979년 12월호.

(2) Michel Blanchard, 『Vietnam -Cambodge : Une frontière contestée 베트남-캄보디아: 논란의 국경선』, L'Harmattan, Paris, 1999.

<중국해의 일출>, 2009 - 응우옌 만훙

르어 번역문을 돌려주지 않았다. 즈엉 카이
는 석방된 이후에도 계속 감시를 받고 있다.

미인대회에서도 불거진 민족 간 갈등

2022년 7월, '미스 그랜드 캄보디아'라
는 미인대회가 개최됐다. 매우 정치적인 명
칭의 이 대회는 베트남을 비롯해 해외 거주
캄보디아인의 참가를 허용함으로써 베트남
과 캄보디아에 거주하는 크메르족 지위를 더
욱 모호하게 만들었다. 젊은 크메르 크롬족
여성 항 소리안도 이 대회에 참가했다. 대회
주최사 대표인 인 소핀은 그녀를 "베트남-크
메르" 혼혈로 소개했다. 이를 두고 SNS상에
서 설전이 벌어졌고 그녀는 결국 자신의 크
메르 혈통과 정체성을 증명해야 했다. 프놈
펜에서는 여러 인사들이 고전적인 민족주의
논리를 다시 내세우며 항 소리안을 옹호했
다. 이들은 "프랑스는 메콩 삼각주를 베트남
에 반환"했기 때문에 항 소리안의 대회 참가
는 전적으로 정당하다고 평가했다.

라울마르크 제나르 캄보디아 외교장관
고문은 민 망 황제(1820~1841)와 티에우치
황제(1841~1847) 시대에 메콩 삼각주 지역
에서 입지를 굳힌 안남족이 경쟁관계에 있
던 크메르족을 탄압한 것은 사실이지만, "앙
두옹 왕은 프랑스인들이 들어오기 훨씬 전
인 1845년 이미 캄푸치아 크롬(Kampuchea
Krom, 과거 캄보디아인이 살던 베트남 남부.
현 메콩 삼각주 지역과 대략 일치-역주) 탈
환을 포기했음"을 강조했다.(3) 정치학자로
서 『캄보디아의 외교 정책 1945~2020』 출간
을 앞둔 제나르 고문은 "일부 캄보디아인들
은 베트남이라는 단어만 들어도 이성을 잃는
다"라고 덧붙였다.

메콩 삼각주 문제와 베트남과의 관계는
캄보디아 정치를 분열시키는 쟁점이지만 베
트남 여론에서는 상대적으로 중요한 주제에
불과하다. 1977년 크메르 루주에서 전향해
베트남으로 피신했던 훈 센 현 캄보디아 총
리는 베트남의 국익에 우호적인 지도자라는
평가를 받고 있다. 따라서 삼 랑시를 필두로

(3) Raoul-Marc Jennar, 'Des
Khmers rouges encom
-brants et convoités 거슬리
지만 필요한 존재인 크메르 루
주', <르몽드 디플로마티크> 프
랑스어판, 1999년 3월.

한 훈센 총리의 반대파들은 민족주의 혹은 선거 전략을 이유로 베트남에 대한 보복주의적 입장을 취하며 반(反)베트남 정서 악용도 서슴지 않는다. 현재 프랑스에 망명 중인 삼 랑시는 제1 야당 캄보디아 구국당(CNRP)을 창단한 캄보디아 원로 정치인이다. 그는 수차례 국경선 수정 운동을 조직했으며 2015년 5월과 6월 국경 지역에서 발생한 일련의 크메르 농민과 베트남 농민 간 소규모 충돌 사태 해결에 적극적인 역할을 했다.

"국경 재협상은 자살 행위"

캄보디아와 베트남의 독립 이후, 1,200km 이상의 공식적인 국경 획정은 끊임없는 분쟁 대상이었다. 2006년, 외교 협상과 함께 분쟁 해결 가능성이 보이기 시작했다. 베트남 측 협상 대표는 응우옌 민 부 외교 차관이다. 캄보디아 측에서는 바 킴 홍 국경 담당 선임 장관이 협상을 이끌고 있다. 프롬펜에 있는 각료회의궁 사무실에서 만난 바 킴 홍 선임 장관은 캄보디아의 교섭 방식을 다음과 같이 설명했다. "1985년 양국은 조약을 체결해 1954년 프랑스가 정한 국경선 유지 의지를 재확인했다. 1990년대 이후 캄보디아는 이 조약의 유효성을 검토했고 결국에는 유효하다는 결론을 내렸다." 캄보디아 야당은 이러한 결론에 이의를 제기하고 있지만 훈 센 총리는 국내 정치적 이유로 협상을 제안했다.

훈 센 총리를 비난하는 목소리도 있었다. 2005년, 노로돔 시아누크 캄보디아 전 국왕은 공개서한을 발표해 "국경 재협상은 자살 행위"라고 지탄했다. 하지만 바 킴 홍 선임 장관은 2012년 훈 센 총리가 장장 5시간에 걸친 의회 연설에서 밝힌 노선을 고수하며 "우리가 원하는 것은 양국의 협력과 평화를 보장하는 안정적이고 논란의 여지가 없는 국경이다. 다른 문제들에 대한 논의는 없다"라고 밝혔으며 특히 베트남과 캄보디아가 각각 1995년, 1999년 가입한 동남아시아국가연합(ASEAN) 회원국 간 자유무역 협정에 의한 관세 인하는 논의 대상이 아님을 강조했다.

2019년, 캄보디아와 베트남은 국경 84%에 대한 합의에 도달했으며 이 국경을 기준으로 작성한 지도를 유엔에 제출했다. 그 후로도 협상은 계속됐다. 2022년 5월, 양국은 추가 6%의 국경에 합의했다. 아직 합의에 이르지 못한 국경은 1954년 프랑스가 국경을 정할 때 모호하게 남겨놓은 지역들이다. 바 킴 홍 선임 장관은 "프랑스의 문헌은 매우 유용한 참고 자료지만, 바로 이 모호한 지역들 때문에 여전히 논쟁이 존재한다.

또한 캄보디아는 프랑스 보호령이었던 반면, 코친차이나(베트남)는 프랑스 식민지였으므로 프랑스는 베트남에 유리한 판결을 내리는 경우가 많았다. 일례로 국제법에 따라 강 중앙을 국경 분할 기점으로 삼는 대신 강의 우안과 강 전체를 베트남에 주고 좌안만 캄보디아에 할애하는 식이었다. 그럼에도 베트남은 "협상 진척에 성의를 보이고 있다"라고 설명했다. 나머지 10% 국경선에 대한 협상은 여전히 난항을 예고하고 있다. 가장 외진 지역들과 지도가 제대로 작성되지 않은 지역들이 이에 해당하기 때문이다.

바 킴 홍 선임 장관은 현재 진행 중인 협상과 더불어 "지역 주민들이 합의된 국경을 인정하도록 교육도 동반"해야 한다고 설명했다. 이는 지금껏 진행된 외교 회담만큼 오랜 시간이 걸릴 복잡한 숙제다. 물론 양국은 협상에 성의껏 임하고 있다. 하지만 국민 국가 형성에 필요한 정치적 경계선 획정은 이 복잡하고 다원적인 메콩 삼각주의 인문 지리학적 경계와 절대 완벽하게 일치할 수 없을 것이다. ⓛⓓ

글·루이 레몽 Louis Raymond
<르몽드 디플로마티크> 특파원, 기자

번역·김은희
번역위원

"후티 반군 때문에 투쟁을 계속할 수밖에 없어"

예멘 마리브의 부족들이 연합한 이유

예멘 중앙 정부가 지키는 최후의 보루인 북부 도시 마리브. 이곳에서 부족들은 오랜 대립의 역사를 접고 후티 반군에 맞서고자 힘을 합쳤다. 이런 화합은 알리 압둘라 살레 전 예멘 대통령의 주도로 이뤄졌으며, 부족 간의 대립은 공동의 적 처단이라는 대의를 위해 잠시 미뤄졌다.

캉탱 뮐러 ▌기자, 마리브 특파원

족장들이 한두 명씩 카펫과 긴 의자들이 있는 넓은 공간으로 들어온다. 터번을 쓴 남성들이 이번 회의의 주최자에게 인사를 건네고, 주최자는 모두에게 카트(Qat) 잎이 들어 있는 젖은 수건을 나눠준다. 카트는 환각 물질이 들었다고 알려진 허브다. 족장들은 마즐리스 곳곳의 의자에 조용히 자리를 잡고 앉아, 카트잎을 동

그렇게 말아 입안으로 넣는다. 이들은 오른쪽 볼에 카트잎을 밀어 넣고 불룩하게 만들면서 전선에 관한 소식들을 나눈다. 이곳에 온 셰이크(cheikh)들은 마리브주의 여러 부족들을 대표한다. 예멘 정부의 마지막 보루인 마리브를 후티 반군으로부터 보호하기 위해 이 부족들은 현재 마리브 주변을 지키고 있다.

<후티 반군으로부터 5Km 떨어진 곳에 있는 연합군>, 마리브, 2021 - 마티아 뷜리티

부족 중에 인구가 가장 많은 무라드 부족과 바니 압드 부족은 남쪽을 맡고 있고, 알자단 부족은 북서부 사막에서 완충 역할을 하고 있으며, 술탄 알 아라다가 속한 아비다 부족은 전선 뒤쪽을 책임지고 있다. 후티 반군이 2014년에 쿠데타를 일으키고 북부로 진격하기 시작하자 마리브의 부족들은 힘을 합쳐 마리브의 수호에 나섰다. 부족 간의 대립과 사나 중앙 정부에 대한 불만은 잠시 뒤로 미루기로 했다. 이처럼 마리브의 부족들은 9년 전부터 후티 반군이라는 공동의 적에 맞서고 있다.

내전이 일어나기 전, 이 부족들 간 갈등은 심각했다. 이는 알리 압둘라 살레 전 예멘 대통령이 부족들이 단합해 자신의 세력을 위협하지 못하도록 부족들 간의 갈등을 조장하는 전략을 펼치면서 더 악화했다. 그는 마리브의 부족들이 각자의 영토에 대한 독립권을 획득하지 못하게 막았고(예멘 전역에서는 독립권 요구 시위가 상당히 자주 일어났다), 마리브 주에서 생산되는 가스와 석유에서 나오는 수익을 배분받을 수 있는 권리도 박탈했다.

셰이크 아마드 알리 알자미는 잠 부족의 일원이다. 회의 내내 말이 없던 그는 후티 반군이 자신의 부족에 엄청난 피해를 입힌 일을 씁쓸하게 털어놓았다. "우리의 영토 대부분이 후티 반군에게 넘어갔습니다. 현재 부족민의 3/4이 고향을 떠나 마리브 주변이나 난민 캠프에 삽니다.(1) 고향에 남은 이들은 후티 반군한테 억압을 당하며 살고 있습니다. 거대한 감옥과 다를 바가 없습니다."

"예멘 통치는 뱀들 위에서 춤을 추는 것"

마리브의 부족 대부분은 수니파의 샤피학파로, 수니파의 4개 법학파 중 하나다. 그러나 잠 부족은 후티 반군과 같은 자이드파다(종종 샤피학파와 동일시되는 자이드파는 오랫동안 수니파의 5번째 학파로 여겨져 왔다). 알리 압둘라 살레 전 예멘 대통령과 정치적으로 대립하던 잠 부족의 일부는 2000년대 초반에 후티 반군에 가담했다. 그러나 이는 2014년 후티 반군이 쿠데타를 일으킨 뒤 잠 부족이 후티 반군과 대립하게 되면서 복잡한 상황을 초래했다. "우리 부족민의 일부가 후티 반군에 가담했던 것은 종교적인 이유에서라기보다는 중앙 정부에 대한 반감 때문이었습니다." 알 자미가 설명했다.

부족들 간의 관계, 약탈자이면서도 수익 배분에는 관심이 없던 중앙 정부에 대한 증오, 연합과 반목 등이 복합적으로 얽혀 있는 예멘인들에 관해, 살레 전 대통령은 다음과 같이 유명한 말을 남겼다.

"예멘을 통치하는 것은 뱀들의 머리 위에서 춤을 추는 것과 같다."

1978년 대통령이 되고 2012년 강제 사임할 때까지 살레 전 대통령은 끊임없이 부족들을 괴롭혔고, 특히 그들의 영향력을 약화하는 일에 총력을 기울였다. 살레 전 대통령은 본래 후티 반군의 적이었으나 그들과 잠시 동맹을 맺었다가, 다시 적이 되면서 2017년 후티 반군에게 살해됐다.(2)

자신의 독재적이고 중앙집권적인 정부에 걸림돌이 되지 않도록, 살레 전 대통령은 부족의 셰이크들을 정계로 끌어들였다. 이에 알 이슬라(무슬림 형제단), 예멘 사회당, 국민전체회의(GPC), 나세르주의자 연합기구, 그리고 북부의 많은 부족들은 전통적인 조직 운영 방식이 통째로 뒤바뀌는 경험을 했다. 각자의 영향력과 권력에 따라 피라미드 구조를 이루고 있던 부족장들의 위계질서가 무너

(1) Quentin Müller, 'Survivre au Yémen 예멘에서 살아남기', <르몽드 디플로마티크> 프랑스어판, 2023년 6월호.

(2) Laurent Bonnefoy, 'Les déchirures du Yémen 예멘의 상처', <마니에르 드 부아르> 'De l'Arabie saoudite aux émirats, les monarchies mirages 사우디아라비아에서 아랍에미리트까지, 신기루 같은 군주국들'편, n°147, 2016년 6~7월.

지고, 이제는 정계 활동에 따른 새로운 관계가 형성됐다.

사나전략연구소 연구 센터에서 발표한 보고서에서, 예멘의 정치학과 교수이자 연구원인 아델 다쉴라는 이렇게 썼다. "살레 대통령은 부족의 심리, 셰이크의 사고방식, 부족의 사회적 구조, 부족 일원들의 역할과 능력을 정확하게 꿰뚫고 있었다."(3) 어떤 셰이크의 영향력이 지나치게 커지면 살레 대통령은 그의 힘을 약화시키기 위해 그의 부하들에게 무기와 돈을 지원하고 정치적인 힘도 주었다. 그러면 그 부하들은 야망을 갖게 되고 곧 새로운 세력이 형성돼, 결과적으로 대통령의 편이 늘어나는 결과를 낳았다. 다른 방법으로, 살레 대통령은 부족민들, 때로는 어린이들과 입대 계약을 맺고 가스와 원유에서 비롯되는 수익을 그 대가로 지급했다. 이렇듯 돈으로 충성심을 매수하는 방법은 자신에게 쉽게 복종하지 않는 부족들을 포섭하는 데에도 효과적이었다.

(3) Northern Yemeni Tribes during the Eras of Ali Abdullah Saleh and the Houthi Movement : A Comparative Study, 사나전략연구소, 2022년 2월 16일, https://sanaacenter.org/

살레 전 대통령의 인기 전술

유엔 안전보장이사회에서 예멘 관련 전문가 집단의 일원이었던 페르난도 카르바잘은 살레 대통령의 인기 전술에 관해 잘 알고 있었다. "2014년 이전에 어린 병사들은 다양한 군부대에 소속돼 있었습니다. 실제로 활동하는 군인이든 아니면 '유령' 군인, 즉 군인 목록에 이름만 올라가 있는 경우이든 말입니다. 이런 계약은 가난한 부족에게 상당한 수입원이 돼주는 동시에 셰이크와 중앙 정부 간에 일종의 충성 관계가 형성되도록 만들었습니다. 정부의 입장에서는 부족의 아이들을 병사로 등록하는 것이 국부를 부족들과 나누는 것보다 훨씬 더 저렴했습니다."

미성년자들에게 일자리를 나눠주는 정책으로 살레 전 대통령의 인기는 치솟았고, 이는 부족민들의 충성과 복종으로 이어졌다. 자녀를 군대에 등록시킨 가족은 추가 수입과 함께 훈련을 명목으로 탄약과 무기도 제공받았다. 이는 개인적으로 보관할 수도 있고 암시장에 내다 팔 수도 있었으며, 내부 갈등이나 다른 부족과 분쟁이 생겼을 때 유용하게 사용됐다. 사실, 살레 전 대통령은 예멘의 부족들이 물 부족, 영토 확장, 가족 간의 갈등, 유산 분쟁 등의 다양한 이유로 언제든지 전쟁을 일으킬 수 있는 존재들이라고 생각했다. 따라서 그는 이런 부족들의 호전성이 자신과 중앙 정부를 향하지 않도록 각별히 유의했다.

그러나 지나치게 몸을 사리다 보니 주민들을 위한 개발은 거의 없었다. 30년이 넘는 살레 전 대통령의 재임 기간에 마리브주는 풍부한 광물 자원, 거대한 수원, 발전소, 농업과 양봉 산업에도 불구하고 여전히 낙후된 상태에 머물렀다. 병원, 의료 인력, 학교, 교사, 도로의 만성적인 부족 문제는 마리브 거주민들에게 소외감과 함께 중앙 정부에 대한 분노를 심어주었다. 따라서 살레 전 대통령에게는 민심을 달래는 조치가 필요했다.

그가 구사한 인기 전술 중에는 몇몇 부족장들에게 원유수송관, 가스수송관, 전선의 감시 업무를 맡기는 것도 있었다. 자기 몫이 충분하지 않다며 불만을 가진 부족들이 이런 인프라를 훼손하는 사건이 빈번하게 일어났기 때문이다. 2000년대 초반에 마리브는 도로 절단, 관광객 납치, 난투극 등으로 악명이 높았다. 이 때문에 중앙 정부는 억압과 타협의 카드를 번갈아 가며 사용할 수밖에 없었다. 게다가 알 카에다 아라비아반도 지부(AQAP)라는 새로운 세력이 예멘에 등장하

<무라드 부족 군사작전 수장, 압달라 알리 알 파자가미>, 마리브, 2021 - 마티아 벨라티

면서, 살레 전 대통령에게는 부족들을 억누를 구실이 하나 더 생겼다.

알카에다의 입성, 부족민의 희생

마리브 주에서 테러 공격은 간헐적으로만 일어났고 또한 이것이 예멘인들과 알카에다 간의 이데올로기적인 동맹을 의미하지는 않았음에도 불구하고, 살레 전 대통령은 미국과 손을 잡고 대대적인 군사 작전을 펼쳤다. 무라드 부족의 부족장인 셰이크 압둘라와히드 알 키블리는 이 시기를 다음과 같이 회상했다. "알카에다는 현실에 불만이 많던 사람들에게 개인적으로 접근해 같은 편으로 끌어들였습니다. 즉, 마리브의 부족들은 알카에다와 직접적인 관련이 없었습니다. 그러나 살레 전 대통령은 우리에게 그 책임을 물으며 우리를 궁지로 내몰았습니다. 우리는 테러리스트들과 전투까지 벌여야 했고, 그

결과 많은 부족민이 희생됐습니다."

이 셰이크와 마찬가지로 많은 이들은 마리브에 알카에다가 입성한 것이 살레 전 대통령에게 행운으로 작용했다고 믿고 있다. 살레 전 대통령은 이를 빌미로 마리브에 대한 통제를 강화하고 부족들의 사회적 및 경제적인 요청을 무시했다. 게다가 '테러리스트'로 판단되는 무장 단체들과의 투쟁에 미국이 개입하면서 이 지역의 힘의 균형에도 변화가 생겼다. 2010년 5월에는 마리브의 부주지사인 자비르 알 샤브와니가 미국 드론의 공격을 받아 사망했다. 그리고 그의 죽음은 중앙 정부의 상징, 즉 수도 사나를 위한 원유수송관과 전력 인프라에 대한 보복성 공격으로 이어졌다.

2012년 이전에는 마리브에 경찰서 한 곳과 법원 한 곳만 운영되고 있었다. 공무원들은 봉급이 적어 종종 뇌물을 요구했기 때문에 마리브의 주민들은 분쟁이 생겼을 때 주로 종교 지도자나 부족장을 통해 해결했다.

2012년 아랍의 봄 혁명 중에 시위대의 요구로 강제 퇴진한 살레 대통령을 대행하던 압드라부 만수르 하디는 술탄 알 아라다를 마리브 주의 주지사로 임명했다. 이에 따라 이전 주지사와 친하던 셰이크의 영향력은 줄었고 새로운 인물들이 부상했다.

몰려드는 난민, 마리브 인구 3배로 증가

그러나 전임자들과 달리 신임 주지사는 공공 서비스와 치안 회복에 공을 들였다. 부족 간의 빈번한 갈등에 대해 잘 알고 있던 그는 대화의 자리도 마련했다. 내전이 일어나고 1년 뒤인 2013년에 마리브 주의 부족장 대표들은 헌법을 제정하는 전국 대화 회의에도 참석해 새로운 헌법에 지역적이고 종교적인 특성을 더 많이 반영될 수 있도록 도왔다. 헌법 제정을 위한 협상은 1년 넘게 이어졌고, 비록 걸프만 국가들과 미국의 입김도 크게 작용하기는 했지만, 셰이크들은 이런 경험을 통해 부족들이 단합해야 마리브 주의 정치적인 독립성을 획득하는 데 도움이 된다는 사실을 깨달았다.

그로부터 1년 뒤, 후티 반군이 수도인 사나를 점령하고 예멘 영토의 남부를 거쳐 아덴까지 진격해오자, 장관, 고위 공무원, 정치 기관들은 마리브로 피신했다. 예멘 전역에서 온 수천 명의 난민도 마리브로 몰려들었다. 사나전략연구소에 따르면, 예멘 내전이 발발한 첫해에 마리브에 들어온 난민은 135만 명으로 마리브의 인구는 내전 전(약 41만 1,000명)의 3배 이상으로 증가했다. 이는 마리브의 모습을 완전히 바꾸어 놓았다.

내무부는 마리브에 사무소를 열고 치안 강화에 주력하고, 몇 개 없는 공공 보건시설과 교육기관으로 몰려드는 난민들을 관리했다. 학교, 병원, 도로, 주거지가 새롭게 만들어졌다. 정부군과 국방부를 위한 군사훈련소도 서둘러 지어졌고, 후티 반군이 점령한 지역들의 재탈환 작전을 지휘하는 군사령부도 마련됐다. 2015년부터 예멘 내전에 개입한 사우디아라비아는 마리브주에 동맹 캠프를 열고 자국 군대를 주둔시켰다. 걸프만 국가의 수장들이 마리브를 방문했고, 프랑스 의원 8명으로 구성된 사절단도 사우디아라비아의 후원을 받아 2018년 마리브 현장을 돌아봤다. 오늘날 마리브는 명실공히 예멘의 비

철의 후티 반군

1990년대 초에 결성된 후티 반군은 오늘날 예멘의 정세를 좌우하는 핵심 세력들 중 하나다. 물론 알카에다 또는 남예멘의 분리파도 무력을 사용한다. 그러나 후티 반군은 2014년에 예멘의 수도인 사나를 점령하면서, 사우디아라비아와 아랍에미리트의 지원을 받는 예멘 정부군의 주적으로 떠올랐다. 대부분 부족민과 지역민들로 구성된 후티 반군은 이제까지 예멘 북동부의 소외 현상을 투쟁의 명분으로 삼아 왔다.

또한 자신들이 믿는 소수 종교인 자이드파를 수호하려는 목적도 있다. 자이드파의 경우 시아파의 분파로 주로 알려졌지만, 일부 이슬람 학자는 수니파에 가깝다고 말하면서 법적으로나 교리적으로나 수니파의 5번째 분파로 인정해야 한다고 주장하기도 한다. 이는 매우 중요한 주장인데, 자이드파가 수니파의

분파가 된다면 후티 반군과 이란(시아파) 간에 종교적인 연결성이 없다는 뜻이 되기 때문이다.

그러나 예멘 영토의 상당 부분을 점령하고 있는 후티 반군은 사우디아라비아(수니파)에 대해서도 공개적으로 적개심을 표현한다. 민간인들도 공격하는 이란 연합군에 대항해, 후티 반군은 당한 대로 갚아주겠다는 논리로 맞서고 있다. 이에 어린아이들에게 군사 훈련을 시키고, 후티 반군이 관리하는 구역 내에서는 기자를 비롯한 그 어떠한 반대의 목소리도 나오지 않도록 공포감을 조성한다. **ID**

글·아크람 벨카이드 Akram Belkaïd

번역·김소연

공식 수도다. 사나에서 쫓겨 나온 중앙 정부의 생존 여부는 이제 마리브 부족들의 저항에 달렸다.

'인민 저항' 슬로건 아래 후티 반군에 맞서

마리브의 부족들은 굉장히 오래전부터 지속돼 온 부족 간의 갈등을 잠시 미루고 힘을 합쳤다. 2014년 9월부터 마타레(matareh), 즉 부족 연합은 '인민 저항'이라는 슬로건 아래 중앙 정부와 후티 반군과 투쟁하는 동맹 세력과 연합해 후티 반군이라는 공동의 적에 맞서고 있다. 특히 모든 부족은 부족 간의 갈등을 중단하기로 서약했다. 이 문제를 더 알아보기 위해 우리는 비공개 장소에서 알 아라다 주지사를 만났다. 그는 후티 반군으로부터 살해 위협을 받고 있던 터라 삼엄한 경호를 받고 있었다.

"부족들이 굉장히 중요한 역할을 해주고 있습니다. 정부의 지휘에 따라 정부군을 지원하면서 후티 반군과 싸우고 있습니다. 부족들이 없었다만 마리브는 벌써 함락됐을 겁니다." 예멘의 전통 단검인 잔비야를 손에 쥔 채로 그는 설명했다. 그러나 이런 평화는 한시적이다. 갈등의 씨앗은 여전히 존재하고, 부족들 간에 불화가 일어나지 않도록 언제나 주의해야 한다. 2022년에는 알 가님 부족민과 알 자나 부족민 간에 싸움이 일어나 무장 공격으로 이어지는 바람에 수많은 희생자가 발생하기도 했다.

우리는 지금 마리브 남쪽의 전선인 알 주바에 와 있다. 제26 보병여단의 수장이면서 무라드 부족의 영향력 있는 셰이크인 65세의 무파라 부하이베는 대원들을 산으로 둘러싸인 거처로 불러 모았다. 지친 기색이 역력한 대원들은 말이 없다. 후티 반군과의 투쟁에서 희생된 '순교자'들의 얼굴이 카라슈니코프 자동소총의 개머리판을 장식하고 있다. 부하이베가 엄숙한 목소리로 투쟁을 계속하겠다는 의지를 피력했다.

"우리는 예멘인들의 희생을 더는 원치 않지만, 반군 때문에 투쟁을 계속할 수밖에 없습니다. 후티 반군은 무력과 억압을 사용해 우리를 통치하고 자신들의 종교적인 이데올로기를 강요하려고 합니다. 그들이 이슬람교를 해석하는 방식은 우리에게는 생소합니다. 자이드파 이맘이 통치하던 때(9세기~1962년)처럼 우리를 다스리기를 원하지만, 우리는 그것을 결코 받아들일 수 없습니다."

북쪽의 라그완으로 가면 완만한 지형이 펼쳐진다. 바니 샤다드 부족은 엘 삼라 와디(wadi)와 광활한 사막을 지키며 살아왔다. 픽업트럭을 타고 몇 시간을 달리면 자우 마을이 나오는데, 불과 몇 킬로미터 떨어진 곳에 후티 반군이 있어서 이 마을에는 수호대가 주둔하고 있다. 테라코타로 만들어진 집 안으로 들어가니 셰이크 살레 알리 자세르가 벨트에는 잔비야를 차고, 등에는 카라슈니코프 자동소총을 멘 상태로 우리를 맞았다. 그는 심복들로 둘러싸인 채 거침없이 말을 이어갔다. "후티 반군은 악마의 민병대입니다. 우리는 엄청난 피해를 입었지만 아직은 부족들끼리 똘똘 뭉쳐서 잘 버티고 있습니다. 부족들이 분열되는 순간 적은 우리를 공격할 것입니다."

그러나 부족들 간의 단합에도 불구하고 라그완은 방어하기 어려운 곳이다. 현재 후티 반군이 점령 중인, 대부분이 사막으로 이뤄진 알자우프 주와의 경계선을 따라 전선이 끝없이 이어져 있기 때문이다. 다행히도 사다와 사나의 산지에서 전투를 벌이는 데 익숙한 후티 반군은 상대에게 위치를 쉽게 간파당할 수 있는 평지에서는 작전을 제대로 수행하지 못한다. "우리는 그들보다 유리한 위치에 있습니다. 이곳 지형에서는 상대의 위치가 훤히 보입니다. 이 사막은 후티 반군의 지옥이 될 것입니다." 셰이크 자세르의 지시를 받은 한 병사가 말했다. **lb**

글·캉탱 뮐러 Quentin Müller
기자, 마리브 특파원

번역·김소연
번역위원

퇴직 연금 개혁안이 몰고 온 파장

'사회적 대화', 그 거대한 환상

정년의 2년 연장과 연금개혁 법안의 날치기 통과가 초래한 프랑스 국민의 분노가 전환점을 맞이했다. 주주들의 행복을 목표로 설정한 정부에 이미 실망한 국민은 정계에 대한 신뢰도 버린 상태다. 프랑스 정부는 수백만 노동자의 운명을 헌법재판소에 넘겨버렸다. 국민의 불신이 극에 달할 때, 정치인들은 두 가지 반응을 예상할 수 있다. 체념 또는 폭동이다. 아마도 그들은 전자를 기대했을 것이다. 그러나 더 나은 삶에 대한 욕망이, 정치에 가장 무심했던 이들에게 투쟁의 힘을 선사했다. 심지어 CFDT(프랑스 민주노동동맹)까지 투쟁의 미덕을 재발견했다.

소피 베루 & 마르탱 티보 ▮사회학과 연구원 겸 강의 교수

"연금개혁 반대 시위에 참여한 프랑스인들은 성실한 노동자들이자, 부당한 개혁에 민주적으로 반대하는 사람들이다."

로랑 베르제는 2월 9일자 〈롭스(L'obs)〉에서 이번 시위를 반기며 이렇게 평했다. "이번 시위대는 CFDT(프랑스 민주노동동맹)와 닮았다." 그러나 오늘날 CFDT는 어떤 모습인가? 어느 지점에 있는가? 2020년 3월 프랑스 정부가 코로나19로 인한 보건 위기를 이유로 개혁안을 포기하기 직전에, CFDT는 프랑스 경제인연합회(Medef)와 함께 퇴직 연금 자금 조달을 위한 콘퍼런스에 참여할 예정이었다.

그로부터 3년 뒤, 프랑스 언론은 CFDT의 사무총장인 로랑 베르제를 엘리자베트 보른 총리의 프로젝트에 반대하는 노조연합의 수장으로 소개했다. 다른 투쟁을 벌일 때 CFDT의 전임자들이 소극적인 태도를 보였던 것과는 달리, 베르제는 물러서지 않았다.(1) 그 뒤 베르제의 이런 결정이 2022년 6월 프랑스 의회에서 지도부의 반대에도 불구하고 연금 기여 기간을 늘리는 내용이 삭제된 수정안이 67%의 표를 얻어 채택되는 데 중요한 역할을 했다는 논평이 쏟아졌다. 그러나 10년 넘게 연금 기여 기간의 연장을 주장해온 CFDT가 한순간에 노선을

변경한 것은 어떻게 설명할 수 있을까? 이렇게 노선을 변경한 이후 전의를 불태우고 있는 CFDT의 모습을 어떻게 바라보아야 할까?

'사회적 대화'의 등장과 영향

베르제가 노조를 어떻게 곤경에 빠뜨렸는지, 그리고 노조가 곤경에서 빠져나오는 과정에서 맞닥뜨린 어려움이 무엇이었는지를 이해하려면 '사회적 대화'에 관한 최근의 역사를 되짚어볼 필요가 있다.

'사회적 대화'라는 표현은 1984년 1월 18일에 처음으로 등장했다. 사회당 출신의 외무 장관이었던 클로드 셰송은 유럽 의회 연단에 서서, 프랑스는 유럽 이사회의 의장국으로서 "노사 대표들과 함께 유럽 차원의 사회적 대화를 강화하는 방안을 찾기 위해 노력할 것"이라고 말했다. 그 뒤로 몇 년 동안 그리고 40년이 되도록, '사회적 대화'와 '노사 대표'라는 표현은 견고한 "어휘적 의미론적인 체계"를 형성했다.

정치학자인 코린 고뱅은 "노사 간에 조화로운 사회적 관계가 정립되면 노사는 공통된 목표를 향해 달려가고 종국에는 기업의 경쟁력을 강화할 수 있을 것"이라

고 설명했다.(2) 그러나 이처럼 계급 간의 대립이 없고 자유주의에 기반한 평화로운 민주주의 사회에서는 노조 활동의 방향을 어떻게 설정해야 할지가 더 중요해진다.

CFDT는 이와 같은 변화를 반갑게 맞아들였다. 1970년대 말에 '제2의 좌파' 운동이 자신의 노선을 사회당에 관철하려다 실패한 뒤부터 CFDT는 정치와 법에 크게 기대하지 않게 됐다. 1979년 브레스트에서 열린 노조연합 회의에서 당시 사무총장이었던 에드몽 메르는 하나의 통일된 노조 활동을 중심으로 조직을 재정비해야 한다고 주장했다. 즉, '제안하는' 생디칼리슴, 다른 말로는 '자유주의적 생디칼리슴'이다.(3) CFDT의 입장에서 공익을 우선시한다는 것은 수용 가능한 타협안을 모색하고 자신의 활동 범위를 축소해야 함을 의미했다. 또한

이제부터는 시위 없는 협상, '냉철한' 협상을 해야 했다. 이런 변화에 동참한 것은 CFDT뿐만이 아니었다. CFE-CGC(프랑스 관리자연맹 – 간부총연맹), CFTC(기독노동자연맹), UNSA(독립노조전국연합)도 사회적 대화에 참여하기 시작했다.

이들의 노력은 2000년대와 2010년에 노조가 경영진에 통합되면서 결실을 보았다. 그리고 2008년 8월 20일 법에 따라 노조는 새롭게 정비된 '사회적 민주주의'에 참여하게 됐다. 사회적 민주주의의 핵심이었던 노사 협의는 모든 형태의 갈등을 예방하고 노조 활동가들을 길들이기 위한 목적을 가지고 있었다. 이른바 '노동법'이라 불리는 2016년 8월 8일 법은 직원들에게 적용되는 근로규정을 제정할 때 기업 내에서 이루어지는 노사 합의를

<배반의 벽에 관한 연구 III>, 2018 - 본 커밍스 섬너

최우선시하도록 했다.

그러나 싱크탱크인 앵테레 제네랄(Intérêt général)이 발표한 최근 보고서에 따르면, 협상은 노조의 힘을 약화시키고 "주주 이탈을 방지하고 기업의 경쟁력을 유지한다는 명목으로 복지 관련 문제(해고, 노동 시간의 유연화)를 타협하도록 강요하면서 노조가 재정과 시장의 논리에 굴복하게"만든다.(4) 기업은 한편으로는 노조에 '파트너'지위를 부여해 직원들에게 불리한 변화에 동참하게 만든다. 또한, 사회학자인 에티엔 페니사에 의하면 다른 한편으로는 "파업과 같은 노조의 전통적인 활동 형태를 무력화하기 위한 일련의 제도들(최소 업무 유지 Service minimum, 파업 전 문제 제기 Alarme sociale)을 마련"한다.(5)

마크롱의 당선, 노조연합의 분열

이런 내용에 동의한 노조에 공

권력, 고용주, 언론은 적절한 책임과 권한을 부여했다. 적어도 2017년까지는 그랬다. 그러나 에마뉘엘 마크롱이 대통령에 당선되면서부터 프랑스 정부는 노조에 가혹하게 굴기 시작했다. 에두아르 필리프, 장 카스텍스, 엘리자베트 보른이 강제로 IRP(직원대표기구)와 사회보장제도를 무너뜨리기로 결정한 뒤로 국가적 차원의 사회적 대화는 사실상 사라졌다. 2023년 3월 9일 노조연합은 대통령과의 만남을 요청했지만 이는 성사되지 못했다. 시위 횟수(지난해 3월 7일 기준 300회)와 시위에 참여한 인원(노조 집계는 350만 명, 내무부 집계는 128만 명)은 모두 기록적으로 많았지만, 보른 총리는 지난해 시위가 시작된 1월 19일부터 단 한 번도 노조를 만나주지 않았다. 정부의 오만과 노조와의 협의를 무시하는 태도 때문에 이 개혁안은 한층 더 거센 반발을 불러일으켰고, 정부는 끝까지 조금의 양보도 하지 않았다. 이에 노조연합은 분열하기 시작했다.

기업 노조의 실망감은 연금개혁 이전에도 존재했지만, 연금개혁이 발표되고 난 뒤에는 더욱더 커졌다. 노조 대표는 노조 활동에 집중하는 것이 아니라 전문가가 되기를 원했다. 철도 노조인 SUD-Rail의 전 대표는 다음과 같이 설명했다. "오늘날 노조는 경영진의 결정을 그대로 따릅니다. 비극이지요. 노조 대표 역할을 수행하지만, 노조원이라고는 할 수 없는 동료들이 늘고 있습

니다." 2017년 마크롱이 내린 대통령령으로 인해 상황은 더 악화됐다. CSE(사회경제위원회)가 구성되면서 노조원들과 직원들 간의 거리는 더 멀어졌다.(6)

게다가 CSE가 고용주의 결정을 전달하는 역할까지 하게 되자 문제는 더 심각해졌다. 노사 간의 대화에 열심히 참여하고 있던 노조원들도 반발하기 시작했다. CFDT를 비롯해 화학, 야금, 서비스에 종사하는 이들의 불만이 커진 것은 당연했다. CFDT의 사무총장인 베르제가 "현실적인 프랑스, 노동을 중시하는 프랑스"(RMC, 2023년 3월 15일)를 주장한 것도 당연했다.

전국 노조와 지역 노조의 갈등

노조원들의 불만과 반감이 높아지면서 노조연합 내부에는 '개혁파'가 생겨났다. 개혁파는 대립의 의미를 재고해야 한다고 주장했다. 이는 다른 노조들이 사용하는 표현에 비하면 굉장히 점잖은 편이다. 2016년 봄에 일어난 노동법 개정 반대 시위를 포함해 여러 분야의 노동자들이 참여한 시위가 거듭 실패로 돌아가자, CGT(노동총연맹)과 솔리데르(Solidaires) 노조의 활동가들 사이에서는 비타협적인 정부를 상대로 강력한 힘의 관계를 형성해야 한다는 목소리가 높아졌다.

현재 진행되고 있는 시위에서도 CGT와 솔리데르는 강경한 입장이다. 이곳의 활동가들은 최대한 신속히 노조의 영향력을 강화하기를 원한다. CGT 소속 부쉬뒤론 데파르트망 노조의 사무총장 올리비에 마퇴가 대표적인 인물로, 그는 "기업과 함께하는 생디칼리슴"을 강력하게 비판한다(〈라 마르세예즈〉, 2022년 12월 28일). 지난 3월 2일에는 항구와 도크 분야의 CGT 연합, SNCF, 화학, 광산, 에너지, 유리 업계의 노조원들이 모여 함께 파업을 강행하기로 결정했다. 그중 일부 노조는 현재 CGT의 사무총장인 필리프 마르티네즈의 지도부에 반대하며 독자적인 노조를 구성하기 위해 연합 회의의 개최를 준비하고 있다.

이제까지 노조연합은 시급한 상황에서 정부의 일정을 그저 수동적으로 따라가는 경우가 많았다. 이에 현장활동가들이 시위의 형태나 명분도 모른 채 시위에 동원되는 상황이 늘면서, 이들의 불만이 커졌다. "총회에 참석하는 철도원들의 수가 점점 더 줄고 있습니다. 아무래도 노조의 전략이 전국적인 차원에서 결정되다 보니, 각 지역 노조에서 내는 의견은 형식적으로만 취합될 뿐 중요하게 고려되지는 않는다고 생각하는 것 같습니다."(7) CGT 연합의 사무총장인 로랑 브룅은 이렇게 설명했다.

그러나 그는 일반 노조원들의 의견도 충분히 반영하고 있다고 해명했다. "초반에 활동의 형식과 대의에 집중하는 이유는 더 많은 노동자의 기대에 부응하고 나아가 시위의 규모를 키우기 위해서입니다. 그리고 CFDT라면 절대로 그러지 않겠지만, CGT는 이런 전략에 한계가 있다는 사실을 분명히 알고 있습니다. 현재 시점에서 실질적인 힘을 가진 유일한 주체는 바로 노동자들이기 때문입니다."

더 정확하게는, 모든 노동자들이다. 왜냐하면 현재 진행 중인 시위 현장을 살펴보면 대표부가 주도하는 파업은 제대로 이루어지지 못하고 있기 때문이다. 물론 일부 분야의 노조는 직원들을 조종하는 것을 넘어서서 경제 전체를 마비시킬 힘을 여전히 가지고 있다. "현재 철도는 승객 이동의 10%와 물자 운송의 9%를 담당하고 있습니다. 철도가 물자 운송의 60%를 담당했던 과거에는 우리가 재채기만 해도 경제가 마비됐었지요. 아주 간단하게요." 브룅이 현재와 과거 철도를 요약해 비교했다.

그럼에도 확산되는 시위

그러나 철도를 제외한 교통수단이나 다른 분야의 경우에는 파업권을 행사하기에 노동자들의 힘이 너무 약하고 경영진의 압박은 거세고 주변 환경은 호의적이지 않다. 2022년 가을에 정유공장, 뒤이어 2023년 3월에 파리의 도로 환경미화원들이 파업을 강행했을 때 프랑스 정부는 ILO(국제노동기구) 사무국의 의견을 무시하고 업무 복귀 명령을 내렸다. ILO 결사의 자유 위원회는 2011년 11월 보고서(n. 2841)를 통해, 그런 상황에서는 "일방적으로 명령을 내려서는 안 되고 파업과 관련된 노조와 고용주의 의견"을 우선시해야 한다고 프랑스 정부에 단호하게 요청했었다.

그러나 프랑스 정부의 명령과 통고에도 불구하고 시위는 점점 더 확산되었다. 시위 6일째이자 정부가 아직 공권력을 투입하기 전인 3월 11일에, 〈르 피가로〉는 여론조사 응답자의 69%가 시위에 찬성했다는 결과를 발표했다. 이는 1월 19일 조사 결과보다 3%p 상승한 수치였다. 2023년 초부터 CGT와 CFDT에는 가입 신청이 쇄도하고 있다. "현재 노조에 가입돼 있지 않은 사람들이나 회사에 노조를 설립하고 싶어 하는 사람들한테서 연락이 많이 옵니다."

데파르트망 노조(UD) 소속 FO(노동자의 힘)의 사무총장이 설명했다. "쥐라 지역의 경제활동 인구는 8만 명에 불과합니다. 그러니 두 달 반 만에 50명이 노조에 신규가입한 것은 엄청난 일입니다."(8) 노조연합에 따르면 가입 신청자의 1/5은 30세 이하라고 한다(2019년 노동부 조사 결과 30세 이하 노조원은 전체의 3% 이하임). 현장의 노조원들과 작은 코뮌의 시위대에게 힘이 되는 소식이다.

정치학자인 제롬 푸르케는 특히 프랑스의 지방 중소 도시에서 공공 부문과 육체적으로 힘든 분야(건설, 요식업, 대면 서비스)에 종사하는 노동자들의 참여가 늘면서 전체적으로 시위의 규모가 커졌다고 설명했다(〈뤼마니테〉, 2023년 2월 9일). 그러나 이번 시위는 필연적으로 노란 조끼 시위를 연상시킨다. 공권력을 뒷걸음질 치게 할 정도로 엄청난 기세도 그렇지만, 시위의 통상적인 관례를 깨면서 많은 노조 집단에 깊은 인상을 남겼다는 점에서도 유사하다.

지난해 3월 16일 보른 총리가 의회 투표 없이 연금개혁안을 통과시키고 이에 반대하는 시위도 강경 진압하겠다고 발표한 뒤로, 프랑스 시위 참여자들은 더욱더 증가했다. 그로부터 며칠 동안 지방 노조의 주도 아래 수천 명이 파리, 리옹, 마르세유, 브레스트에서 쉬지 않고 시위를 벌였고(지난해 3월 18일 기준 CGT 집계는 1만 5,000명, 경찰 집계는 6,000명) 캉, 디종, 로안, 생테티엔도 시위에 동참했다. 시위대에는 퇴직자, 학생, 노동계 인사 등 각계각층의 시민들이 포함돼 있었으며 형광 조끼를 입고 나온 사람들도 있었다. 모두가 분노에 가득 찬 모습이었다. 시위대는 CFDT와 닮은 구석이 여전히 없었다. **ID**

글·소피 베루 & 마르탱 티보 Sophie Béroud & Martin Thibault
사회학과 연구원 겸 강의 교수, 『En luttes! Les possibles d'un syndicalisme de contestation 투쟁하라! 투쟁하는 생디칼리즘의 가능성』(Raisons d'agir, 2021)의 저자

번역·김소연
번역위원

(1) Jacques Kergoat, 'Les syndicats français mis au défi 곤경에 처한 프랑스 노조', <르몽드 디플로마티크> 프랑스어판, 1996년 3월호. / Martine Bulard, 'Financer les retraites autrement 연금의 자금 조달을 위한 다른 방법', <르몽드 디플로마티크> 프랑스어판, 2003년 7월호.

(2) Corinne Gobin, 'Dialogue Social 사회적 대화', <Quaderni>, n°63, 2007. Nouveaux mots du pouvoir : fragments d'un abécédaire 입문서에서 발췌한 권력의 새로운 단어들.

(3) Jean-Claude Aparicio, Michel Pernet, Daniel Torquéo, 『La CFDT au péril du libéral-syndicalisme 자유주의적 생디칼리즘을 포기하려 하는 CFDT』, Syllepse, Paris, 1999. Jean-Michel Dumay, 'CFDT, un syndicalisme pour l'ère Macron 마크롱 시대의 노조 활동은 어디로?', <르몽드 디플로마티크> 프랑스어판/한국어판 2017년 6월호.

(4) 'Que peut l'État pour renforcer le syndicalisme ? Réhabiliter les syndicats dans leur rôle de contre-pouvoir 노조 활동을 강화하기 위해 정부는 무엇을 할 수 있는가? 노조는 현 권력을 견제하는 역할을 되찾아야 한다', <Intérêt généra>l, note° 28, 2023년 1월, interetgeneral.net

(5) Etienne Pénissat, 'A l'ombre du dialogue social 사회적 대화의 그림자', <Agone>, n°50, 2013.

(6) Sophie Béroud & Jean-Marie Pernot, 'La grève, malgré tous les obstacles 연금개혁 반대 파업은 계속된다', <르몽드 디플로마티크> 프랑스어판 2020년 3월호 & 한국어판 4월호.

(7) 'Tenir tous les bouts, reconstruire un syndicalisme de lutte de classes 모든 수단을 동원해 노조는 계급 투쟁에 다시 집중해야 한다, Stathis Kouvélakis와의 대담', <Contretemps>, 2023년 3월 9일, contretemps.eu

(8) Agathe Ranc 인용, 'Le printemps des syndicats 노조의 봄', <L'Obs>, 2023년 3월 16일.

민중에게 바람직한 것이란?

에블린 피예에 ▪ 작가

민거나 말거나, 프랑스 문화부 웹사이트를 둘러보는 일이 '언제나' 시간 낭비는 아니다. 물론, 시간을 낼 법한 이유가 필요하다. "문화는 인류의 가장 숭고한 양식"이라는 프랑스 문화부 장관 리마 압둘 말라크의 발언은, '굳이 문화라는 것에 관심을 기울여야 하는 이유는 무엇인가?'라는 의문이 든다. 문화부 장관은 이런 말도 덧붙였다. 문화는 "예술가와 지역 주민들 간에 새롭고 감각적이고 풍부한 연결고리를 만들어 줍니다." 그렇다. 자고로 위톨드 곰브로비치가 말했듯 '우스꽝스러운 문화(Cuculture)'라는 것도 좋은 것이다.(1) 그리고 문화에 흠뻑 '몰입'하게 되면, 그리고 그 문화가 메타버스(Metaverse) 안에서 빛을 발하면(조만간 1억 5,000만 유로 규모의 사업제안서 공모가 있을 예정), 우리 모두 풍부한 교양을 갖추게 될 것이며, 여러 관련 산업도 크게 융성하고 번창하지 않겠는가?

그래도 문화부의 웹사이트가 이렇게 어리석은 말로만 도배된 것은 아니다. 일종의 '나눔'이라는 현대적인 가치를 내세우기도 한다. 문화부는 웹사이트를 통해 국민과 "함께하고" 국민에게 "기여한다"라고 끊임없이, 셀 수 없이 강조하면서도,

<문예 잡지 '라 르뷔 블랑슈'에서, 펠릭스 페네옹의 초상>, 1901~1901년 - 에두아르 뷔야르

공공 서비스의 역할을 후원(을 가장한 통제)으로 변질시켜, 재정 지원이 필요한 대상을 엄선해 보조금을 주는 '후원자' 역할을 자청한다.

하지만 소위 창조산업이라는 부문에 공적 자금을 투입할 때 초점은 '지원'이 아닌 '혁신'에 맞춰진다. 그리고 혁신은 곧 수익성을 뜻한다. 설상가상 '문화 민주화'라는 모호한 개념까지 가미된다. 그렇게 하면 모두가 문화에 몰입할 수 있을 것

이라 여기는 것이다. 이렇듯 직접적이고 감각적이며 재미있는 것들을 추구한다. 문화부 장관이 예시로 든 문화 프로그램은 '비블리오케트(Biblioquête, 도서 탐구)'다. "이 사업은 8~12세 아동들이 프랑스 문학의 위대한 고전을 읽도록 장려하는 것을 목적으로 하는 증강현실 프로젝트입니다. 독자들이 독서와 비디오 게임 사이를 오가며 꿈같은 가상의 세계에 몰입할 수 있도록 해 줄

것입니다."

**"우리 문화 프로그램에는
마케팅 혁신이 필요합니다."**

어차피 8~12세에는 '위대한 고전'을 잘 읽지 않는다는 사실만 빼면(물론 어느 고전 작품이 채택되는지 궁금하지만), 이런 접근방식에는 분명히 장점도 있다. 독서는 어렵지만, 비디오 게임은 편하니까 말이다. 달리 말하면, 독서가 엘리트적이라면

비디오 게임은 대중적이다.

"우리의 문화 프로그램에는 마케팅 혁신이 필요하다"라는 생각은 결국 평등의 문제에 대한 걱정에서 나온 것이다. 문화부가 제공하는 프로그램이 민주적이어야, 즉 팔릴 수 있어야 한다는 의미다. 이런 발상은 오늘날 주요한 흐름이 됐고, 당연하고도 '자연스러운' 일이 됐다.

한 가지 예를 들어보자. 세간에 잘 알려지지 않은 최근 사례다. 매년 10월 파리 마레 지구에 있는 공간

'알 데 블랑망토(Halle des Blancs-Manteaux)'에서는 프랑스뿐 아니라 아마 전 세계적으로도 흔치 않은 '잡지 박람회(Le Salon de la Revue)'가 열린다. 이 행사는 앙트르뷔(Ent'revues) 협회가 주관하며 프랑스 문화부 산하에 있는 국립도서센터(CNL)의 지원을 받는다.

하지만 이 박람회나 잡지들의 앞날은 위태로워 보인다. 문화부 웹사이트에서 박람회 안내 공지가 올라올 때 외에는 앙트르뷔 협회에 관한 언급을 찾을 수 없다(2023년에는 아예 없었다). 따라서, 해당 기관의 현황을 파악하기 어렵고, 관련 지원금 정보는 더욱 알기 어렵다. 웹페이지에 명시된 내용에 따르면, 국립도서센터의 '지원 대상'은 '폭넓은 대중'을 대상으로 하며, '전문 지식이 없는 일반인'도 쉽게 접할 수 있고, 창의적인 내용이나 고품질의 기사를 제공하는 '잡지'다.

전문지 생존을 외면하는 '엘리트주의' 공적 자금

이는 곧 잡지들이 '전문 지식이 없는 일반' 독자에게 어필해야 한다는 말이다. 이런 용어의 선택은 놀랍다. 전문지의 필진과 독자들은 '엘리트주의자'라는 뜻인가? 그 발상 또한 놀랍다. 전문지는 재량껏 지원처를 모색해야 하며, 설령 자금을 조달하지 못하더라도 어쩔 수 없다는 것인가?

결국, 공적 자금으로는 특정 잡

지들을 더 이상 '지원'하지 않겠다는 의도로 비친다. 인쇄 부수나 연간 발행 부수가 너무 적거나, 판매가 부진한 잡지에 대한 정부 지원은 점차 줄거나 끊길 것이다. 틀에 박힌 이야기지만, 살아남으려면 눈에 띄어야 하고 주목받아야 한다. 하지만 누구의 눈에 띄어야 하는가? 수단과 방법은 불문하고 가치 있는 것은 곧 돈이 되는 것이라고 확신하는 사람들?

이런 논리대로라면 잡지라는 매체는 모조리 사라지고 말 것이다. '주변적인' 잡지들이 먼저 사라질 테고, 그러고 나면 그보다 덜 주변적이지만 '쉽지' 않은 잡지들이 사라질 것이다. 하지만 독자가 많지는 않아도 이런 잡지들은 우리들의 삶을 윤택하게 한다. 호기심, 지식, 의문, 지적 탐구는 공식 정보망이나 판매량 순위권에 머물지 않아도, 경계의 테두리 밖에서 조금은 신비로운 방식으로 순환되고 전달되기 마련이다. 이제 인공지능, 즉 사상과 관념의 알고리즘이 우리 인간을 대신해 사유하고 상상할 일만 남았다. 우리, 요컨대 일반 대중은 미지의 것에 대해 추호의 호기심도 가져서는 안 된다. 그리고 그 한계를 규정하는 것은 속인들이 존경해 마지않을 '식견이 높은' 자칭 전문가들이라고 한다. 이렇듯, 사용된 단어들부터가 하나하나 기가 막힐 지경이다.

재미 삼아 잡지 몇 개의 제목을 살펴보자. 〈그 무엇도 정확지 않음(Rien de précis)〉, 〈불안정한 하늘(Ciel variable)〉, 〈별-압생트(L'Etoile-absinthe)〉, 〈스폰지(L'Eponge)〉. 그밖에 〈이단적인 위선자(Le Cafard hérétique)〉, 〈위뷔(Ubu)〉, 〈니켈 코팅지(Papiers nickelés)〉 같은 제목도 보인다.

자, 그래도 독자들의 뉴런을 자극하는 잡지도 있다. 〈샤를 푸리에 평론(Cahiers Charles Fourier)〉, 〈유럽(Europe)〉, 〈슬라브 연구지(Revue des études slaves)〉, 〈18~19세기 문화사 리뷰(Revue d'histoire culturelle XVIIIe ― XIXe siècles)〉, 〈사유(La Pensée)〉, 〈아덴(Aden)〉, 〈장 폴랑과 배경 연구(Cahiers Jean Paulhan et ses environs)〉.

'잡지 박람회'와 박람회의 기본 정신을 지키고 전파하려는 안 마티외(〈아덴〉)와 프랑수아 알베라(〈1895〉)

의 주도로 시작돼 수많은 잡지가 동참하는 이 릴레이 칼럼은 〈아덴〉, 〈뤼마니테〉, 〈AFRHC〉에서도 읽을 수 있다.(2) **lD**

크리티크M 6호
『마녀들이 돌아왔다』
권 당 정가 16,500원

글·에블린 피예예 Evelyne Pieiller
작가

번역·이푸로라
번역위원

(1) Jean-Pierre Salgas, 'Witold Gombrowicz, en finir avec la cuculture(비톨트 곰브로비치, 문화에 마침표를 찍다)', <르몽드 디플로마티크> 프랑스어판, 2016년 11월호.
(2) 'Le Salon de la Revue est-il en danger ?', <L'Humanité>, https://www.humanite.fr/en-debat/edition/le-salon-de-la-revue-est-il-en-danger
<Aden>, https://www.paul-nizan.fr/2-non-categorise/121-le-salon-de-la-revue-est-il-en-danger
<AFRHC>, https://afrhc.fr/le-salon-de-la-revue-est-est-il-en-danger

코로나 사태, 택배 관리까지 떠넘겨

건물 관리인, 달라진 직업

오랜 세월 '하인' 취급을 받았던 건물 관리인들은, 이제 그들의 일을 하기 원한다. 정확히는 그들의 일'만' 하기를 원하는 것이다. 노동조합도 없이 여성 비중이 늘고 있는 이 직업은 현재 갈림길에 서 있다. 건물 관리인들은, 그들의 본 업무 이상의 일들을 감당해왔다. 그들은 부자 동네 건물주가 할 일을 대신 해내며, 인근 서민 동네 치안 유지 등 사회적 역할까지 요구받고 있다.

티모테 드로글로드르 ▎기자

파리 11구에 있는 오베르컹프 길. 창살 너머 안뜰에 나탈리아 테이셰이라 시예드(45세)가 일하는 관리실이 보인다. 레드와인색 건물 정면에 유리문이 있고, 청록색 금속 간판에 '관리인'이라고 쓰여 있다. 좁은 입구에 진공청소기 등 생활용품이 놓여 있다. 거실의 낮은 탁자 위, 시예드의 휴대전화 진동벨이 울린다. 전화기 화면에 '포르투갈 집'이라는 발신자가 뜬다. 그녀가 고향의 집으로 가서 가족들과 함께 지내는 것은 1년 열두 달 중 단 한 달, 8월 여름휴가 때가 유일하다.

그러나, 그 휴가도 '대타'를 찾아야 누릴 수 있다. 휴가 동안 쌓이는 우편물 때문에 도둑의 타깃이 되지 않게 하고, 주민들의 반려동물이 밥을 굶거나 반려식물이 말라 죽는 일이 없게 할 사람이 필요한 것이다. 공동구역 청소, 쓰레기 배출은 물론 인테리어 공사업체 관리까지 하는 시예드의 월 급여는 얼마일까? 실수령액 기준 1,230유로(2023년 10월 기준, 한화로 약 175만 원)다. 일을 시작한 이후 월급은 거의 오르지 않았다. 시예드의 공식 근무시간은 아침 7시 30분부터 12시까지, 그리고 15시부터 19시까지다. 그러나, 그것은 '계약서상 근무시간'에 불과하다. "저는 항상 관리실에서 대기하고 있어요. 특히 요즘에는 배송물이 많아서 쉴 틈이 없습니다."

자다가도 일어나 문을 열어야

몇 년 전부터 아마존, UPS, DHL에서 발송된 배송물이 끊임없이 쏟아지고 있다. 관리실 근무시간을 게시해도 소용없다. 심지어 주말에도 배송물을 놓고 간다. "이해해요. 택배기사들은 그럴 수밖에 없어요. 시간 전쟁 중이니까요." 시예드가 상황을 설명하는 순간에도 누군가 밖에서 관리실 문을 두드렸다. 건물 내 회사에서 일하는 한 여성이었다. 그 여성은 영국식 억양으로 일주일 전에 주문한 커피 머신을 받지 못해서 왔다고 말했다.

그러나 프랑스 노동총연맹(CGT) 소속 엘로이 페르난데스는 건물 관리인 단체 협약에 따르면, 사기업에 배달되는 물품을 관리인이 수령할 의무는 없다고 강조한다. "관리인들은 좋은 인상을 주기 위해 택배를 받아주는 경우가 많습니다." 많은 관리인들이 협약내용을 모르거나, 건물 입주자들과의 관계 때문에 의무사항이 아닌 일까지 떠맡고 있다는 것이다. 파리-시테 대학 사회학과 소속인 도미니크 비달 교수는 이런 상황을 염려한다. "노동계약서에 명시되지 않은 일을 누군가에게 요구하는 순간, 그 사람을 하인처럼 대하는 셈입니다."

로마 시대에 존재했던 '문지기(Janitor)'는 노예였다. 그런데 미국에서는 여전히 이 단어가 경비, 건물 관리인을 뜻하는 명사로 남아있다. 로렌 대학의 도시 연구 교수인 장마크 스테베는 "거대한 대문을 갖춘 부르주아의 집에는 관리실, 즉 관리인의 숙소 겸 업무실이 있다"(1)라고 말한다. 그 관리실이 중산층의 정원 딸린 집에도, 그 뒤로는 서민들의 공동주택에도 생겼다는 것이다. 가부장적 산업 제도 하에서 관리인은 건물 내 주민들을 통제했다. 임차료를 걷고, 위생 교육 등을 했다.

19세기 관리인은 현장에 종일 머물러 있었다. 심야에도 찾아오는 이가 있으면 문을 열어줘야 했다. 관리인은 문고리에 달린 '끈 당기기(Tirage du cordon)'를 하는 사람이었다. 1903년 노동조합이 생겼음에도, 관리인은 노동자들의 투쟁으로 1906년에 생긴 주간 휴식도 누리지 못했다. 1919년에 생긴 1일 8시간 노동도 적용받지 못했다. 야간에 문 열어주는 일은 1947년 폐지됐고, 주간 휴식의 권리는 1956년부터 생겼으며, 1966년 노사 간 단체 협약이 이뤄졌다.

건물 관리인은 왜 노동자로서 보호를 받기 어려웠을까? 그 이유는 성별과 출신 지역에서 찾을 수 있다. 20세기부터 여성 관리인이 급격히 늘어났으며, 외국이나 다른 지역에서 이주해온 이들의 비중도 늘어났다. 역사학자 빅토르 페레이라 교수는 지난 30년간 포르투갈 가톨릭 교구가 시골 청년들을 부유한 고급 건물의 관리인으로 만드는 데 큰 역할을 했다고 지적한다. 포르투갈 가톨릭 교구는 1958년에 파리 16구에 세워졌고, 포르투갈의 살라자르 독재와 연관이 깊다. 건물 관리인의 대다수는 포르투갈 여성들이며, 이 추세는 포르투갈 이민자들이 가톨릭 교구에서 독립한 후에도 이어졌다. 현재에도 파리 소재 개인 소유 건물의 관리인 중 3/4이 포르투갈 출신자이며, 그중 일부는 프랑스 국적자다.

관리인 숙소는 혜택인가, 족쇄인가?

관리인에게는 숙소가 제공되고, 93%가 정규직이다. 이런 장점 때문에 이 직업은 대물림됐다. 그러나 건물에 거주하는 관리인은 업무별 '가치 단위(unité de valeur)' 환산표를 바탕으로 급여를 받는다. 가정용 쓰레기 처리비 2,000단위, 주차장 청소비 300단위, 엘리베이터 관리비 200단위. 이런 식으로 계약서에서 급여를 규정하는 것이다.

에손주 내 팔레조 소재 공동주택의 관리인인 49세의 미카엘 프린스의 경우를 보자. 프린스가 관리하는 공동주택 거주자의 약 절반은 소유자, 나머지 절반은 임차인이다. 그의 업무는 6,500단위로 평가됐으며, 월 급여 실수령액은 1,282유로(2023년 11월 기준, 한화로 약 181만 원)다. 프린스는 이전에 방브 지역에서도 관리인으로 일했다. 당시에는 우편물 배포, 엘리베이터 관리 업무가 포함돼 월 1,800유로를 받았다. "대다수의 관리인들은 자기 업무가 가치 단위 환산표에 제대로 반영됐는지 확인해보지 않습니다." 프린스는 파란 눈동자를 빛내며 안타깝다는 듯 말했다. 그는 계약서에서 명시된 업무 외의 일, 즉 택배기사로부터 배송물을 받는 등의 일을 거절하고, 근무시간 외에는 관리실 문을 열지 않았다.

"관리인 숙소가 있으면 좋지요. 그런데, 일을 그만두지 못하도록 발목을 잡는 것도 숙소입니다." 시예드가 설명했다. 그녀가 거주하는 숙소의 전용면적은 28㎡로, 파리에서는 평균 면적의 약 3배에 달하는 넓은 숙소다. 관리인 숙소는 과거 하인들의 거처였다.(2) 그녀는 숙소에서 남편, 그리고 3명의 자녀들과 함께 산다. 커튼 한 장으로 자신의 침대를 나머지 공간과 분리하고, 옷을 갖춰 입고 자야 한다. 한밤중에도 자다 말고 일어나야 할 일들에 대비해서다. 술에 취한 주민에게 열쇠를 찾아주거나, 이웃 간 싸움이 벌어질 때 중재하는 것들이 전부 그녀의 일이기 때문이다.

그녀의 노동계약서에는 "야간근무를 해야 하며, 휴무일 외에는 관리실에서 취침해야 한다"라고 명시돼 있다. 퇴직하면 관리인 숙소에서 떠나야 한다. 급여에서 숙소 사용비가 제외되므로 실수령액도, 납입한 연금액도 적을 수밖에 없다. 페르난데스는 "노동총연맹 사무실에 가면, 70대 관리인들을 종종 만난다"라며, "그들은 숙소가 필요해서 일을 그만두지 못하는 것"이라고 지적했다. 건물 관리 39%가 55세 이상이다.(3) 나이가 많다 보

<프레스코 벽화>, Paris, 2016 - 필립 에라르

니 어떤 작업은 수행이 어렵다.

파리 16구 쉬셰 대로 부근 건물 관리인인 리아 고메스의 경우를 보자. "최근 저는 15일간 일을 하지 못했어요. 몸을 자주 숙이다 보니 목이 너무 아파요." 관리인의 필수 업무 중 쓰레기 분리수거가 있다. 쓰레기통이 2배로 늘자, 분리수거를 위해 몸을 숙이는 일도 2배로 늘어난 것이다. 2016년 『직업 의학저널』에 발표된 연구는 "노동자들의 고립은 위험을 부른다"라고 지적했다. 특히 업무 중 사고, 일례로 가정용 청소용품의 독성 등은 과소평가되고 있다.(4)

사람은 줄고 일은 늘었지만, 급여는 안 늘어

나탈리아 테이셰이라 시예드가 이 건물에서 일을 시작한 25년 전, 주변 건물에는 대부분 관리인이 상주하고 있었다. 오늘날, 주변 건물 관리인은 3명뿐이다. 매주 청소업체가 와서 공동구역을 청소하고 쓰레기를 수거해 간다. 시예드는 이런 변화를 체감하고 있다. 택배기사들은 주변 건물의 배송물도 그녀에게 맡긴다. 다른 건물 입주민들은 청소업체 담당구역 외의 공동구역 청소까지 그녀에게 제안한다. 그녀가 일하는 건물에는 이전보다 젊은 소유자들이 입주했다. 새로운 입주자들은 시예드의 근무시간을 줄일 방안을 모색했다. 시예드를 위해서가 아니라, 관리실을 회수하기 위해서다.

"우버 택시와 아마존 택배에 익숙한 젊은 세대는, 관리인의 필요성을 별로 느끼지 못합니다." 건물 관리인

력 전문기업 시느발(Syneval)의 창립자, 라셰드 라라즈 대표가 설명했다. 장마크 스테베는 지난 몇십 년간 관리인 수가 점점 빠른 속도로 줄고 있다고 지적했다. 20년 사이, 파리 지역에서 건물 관리인의 25%가 사라졌다.(5)

공영주택도 예외가 아니다. 건물 관리업무의 외주화가 늘고 있다. "어떤 임대인들은 건물 관리인을 부동산 관리자로 바꾸기도 합니다." 파리 아비타(Paris Habitat)의 에마뉘엘 코팽 대표는 파리 아비타 소속 건물 관리인 1,120명이 "공공 서비스를 강화하는 역할을 하고 있다"라며 옹호했다. 코로나19 사태 때 관리인들이 "취약한 여건에 있는 주민들의 안전을 관리"했다는 것이다.

"관리인의 역할이 10년 사이에 엄청나게 변했어요." 파리 4구 소재 파리 도시 부동산공사(RIVP) 직원인 한넨 케브다니(37세)가 말했다. 그녀가 근무하는 관리실의 뒷문은 아파트를 향해 있었다. 관리인은 세입자가 보내는 이메일을 확인하고, 회사 매입 주문서도 컴퓨터로 처리해야 한다. 건물 주민 중 약 60%가 60세 이상이라 신경 쓸 일이 많다. 정보화, 고령화 속에 관리인의 부담은 계속 늘고 있다. 반면, 급여는 전혀 늘지 않고 있다.

RIVP는 이런 '공공 서비스'를 관리인의 공식 업무에 포함시키자고 제안했다. 그러나, 노조가 이에 반대했다. 이런 몰상식한 제안은 관리인들을 괴롭힌다. 2018년 파리 아비타는 희망하는 직원에 한해 조서를 작성할 권한을 부여했다. 오늘날 파리 아비타 직원 약 400명이 이 권한을 가지고 있는데, 대부분이 관리인이다. 파리 도시 부동산 공사도 이런 흐름을 따라가려는 것이다. 사회주택

관리인에게 조서 작성 권한을 준 것은 과거 관리인이 서민의 감시자 역할을 했던 시절로 회귀하는 셈이다.

관리인들, 그들만의 노동조합을 만들다

이런 관리인 역할의 변화는 여성 관리인의 감소로 나타났다. 건물관리 분야 노동자 약 7만 1,000명 중 약 64%가 여성이다.(6) 파리의 사유 건물 내 관리인 중 여성은 약 84%다. 반면, 파리 아비타 주택 관리인 중 여성은 43%에 불과하다. RIVP의 직원 케브다니도, 노동조합도, 공동소유자 조직도 이런 억압적인 변화에 반대한다.

"저는 경찰이 아닙니다. 따라서, 조서 작성 권한을 원하지 않습니다. 저는 현장에 있어요. 당장 이곳에서 사소한 문제가 생긴다면, 사람들은 제 관리실 문을 두드리고 창문을 깨부술 겁니다. 제 상사는 편하게 자기 집에 누워있을 거고요."

2년 전, 케브다니는 노동자의 힘(FO)에 가입하기로 했다. 현재 파리 도시 부동산 공사의 사회 및 경제위원회 회원인 그녀는 관리인을 위한 지원이 부족한 현실을 안타까워하고 있다. 프랑스 노동총연맹(CGT)에 이어 건물 관리인을 대표할 수 있는 두 번째 조직인 국립 독립 관리인 및 경비원 조합(SNIGIC)의 회장인 폴 브리예는 "관리인들이 조합에 가입하는 것은 시위하기 위해서가 아니다"라며 "조언을 듣기 위한 것"이라고 설명했다.

노동조합 가입을 망설이던 개인 건물의 관리인들은 그들만의 집단 공동체를 만들었다. 파리 14구에 있는

노트르담 뒤 트라바이 성당 지하 예배당에서 매주 일요일 아침에 교인들이 모인다. 브라질 신부가 포르투갈어로 진행하는 미사를 마친 후다. 바로 이 교회에서 알마(Alma)라는 단체가 탄생했다. 17구에서 관리인으로 일하는 알리스 마갈헤와 산체스 루이보의 만남으로 생긴 단체다. 베라(42세)는 노란 원피스 차림으로 성당 지하 예배당에서 다른 교인들과 우아하게 커피타임을 즐기고 있었다. 그녀는 15구에서 일하는 관리인이다.

"제가 시위를 한다면, 노동시간 때문일 거예요. 때때로 모두 함께 우리의 목소리를 들려주고 싶거든요."

2014년 말, 단체 협약 조항 변경으로 노동시간이 줄었다. 그녀가 일하는 건물 관리조합에서는 감소된 노동시간을 2018년 한해만 적용했다. 이 사실을 알게 된 베라는, 법정노동시간을 초과하는 자신의 노동시간을 합법적으로 변경할 것을 요구했고 성공했다. 건물 관리인이라는 직업은 비록 쇠퇴하고 있지만, 그들은 이곳에 모여 희망을 나누고 있다. 사람들이 건물 관리라는 노동의 존엄성을 인정하기를, 건물 관리인들을 하인이 아닌 노동자로 인식하기를 염원하면서 말이다. **ⅬⅮ**

글·티모테 드로글로드르 Timothée de Rauglaudre
기자

번역·이정민
번역위원

(1) Jean-Marc Stébé, 'La médiation dans les banlieues sensibles 취약한 교외 지역 내 중재', <Presses universitaires de France 프랑스 대학 신문>, Paris, 2005.

(2) Dominique Vidal, 'Les concierges d'origine portugaise à Paris et l'épidémie du coronavirus 파리의 포르투갈 출신의 건물 관리인과 코로나19 전염병', <Hommes & Migrations 사람과 이민>, n° 1331, Paris, 2020년 10월~12월.

(3) 'Panorama branche professionnelle des gardiens, concierges et employés d'immeuble 관리인, 수위, 건물 직원 계통의 직업 전망', <Opérateur de compétences des entreprises de proximité (Opco EP) 근거리 기업 역량 조사>, 2022년판, www.opcoep.fr

(4) Pascal Fau-Prudhomot 외, 'Travail isolé chez les gardiens. Enquête sur une mise en danger au quotidien 건물 관리인의 고독함, 일상에서 도사리는 위험에 대한 조사', <Archives des Maladies Professionnelles et de l'Environnement 직업병 및 환경 병에 대한 자료>, vol. 77, n°3, Rouen, 2016.

(5) Aubin Laratte와 Timothée Talbi, 'Gardien d'immeuble, une profession en voie de disparition en Île-de-France 건물 관리인, 일드 프랑스에서 사라지고 있는 직업', <Le Parisien>, 2020년 1월 6일.

(6) 'Portrait statistique structurel des branches professionnelles 직업 분야의 통계적인 구조적 특성', <Direction de l'animation de la recherche des études et des statistiques (DARES) 연구 및 통계 조사 활동 지원 부서>, Paris, 2020, www.dares.travail-emploi.gouv.fr

방데의 파업 노동자들과 함께

우리는 동료들과 함께합니다!

시위 지지자들의 수는 엄청난 반면, 정작 현장 참여자 수는 적다. 이 두 가지 수치의 간극을 줄이는 것이 연금개혁 반대 노동운동가들의 당면 과제다. 그러나 운동가들은 이 시위를 장기전으로 보고, 상당히 긍정적으로 이 상황을 수용하고 있다. 프랑스 서부 노동조합의 경우를 보자.

피에르 수숑 ▮기자

"**나**무판을 어디에다 뒀죠? 아무것도 안 보이는데요."

2023년 3월 21일, 방데주 에르비에 산업구역의 원형교차로. 이른 봄 새벽의 어둠과 추위 속에서 무엇인가를 찾고 있는 이들이 있었다. 방데주의 노조 활동가들이었다. 그 전날 의회에서 법안이 통과됐음에도, 이들은 연금개혁 반대 투쟁을 계속하기 위해 도로 위에 나무판을 쌓고 있었다. "우리만이라도 도로 폐쇄에 참여하기로 했어요. 방데주의 노조연합 태도가 소극적이어서요. 누군가는 우리의 활동을 과격하다고 하겠지요." 프랑수아가 말했다. 그는 CGT(Confédération Générale du Travail, 노동총연맹)의 라 로슈-쉬르-용(La Roche-sur-Yon) 지부 소속 활동가다.(1) 나무판들이 곧 불타올랐다. 덤프트럭 한 대가 연대의 의미로 경적을 울렸다.

"노조원이신가요?" 자가용을 몰던 한 50대 여성이 멈추고 물었다.

"맞습니다. CGT 소속입니다."

"그렇군요. 제 위치를 추적하는 사람이 있어서 간단히 말씀드릴게요. 노조에 가입하고 싶은데요. 저는 주부이고 형편이 안 좋아요. 여기저기 돈 들어갈 데가 많은데 연금 받는 걸 64세까지 기다릴 수는 없어요."

상호공제조합의 노조원인 발레리는 자신의 연락처를 휘갈겨 쓴 종이를 급히 건넸다. "이 한 분을 만난 것만으로도 오늘 우리의 활동은 성공한 셈입니다."

'경제를 마비'시키겠다는 목표로 시작된 이 활동은 오전 내내 도로를 지나는 이들에게 전단지를 배부하는 것으로 바뀌었다. 30여 명에 불과한 활동가들은 도로 통행을 완전히 마비시키지는 못했지만, 공권력을 성가시게 하는 데는 성공했다. 더 이상 나무판을 가져가지 못하도록 지역 헌병대가 동원된 것이다. "우리는 동료들과 함께합니다!" 에네디스(Enedis)의 직원인 카멜이 외쳤다. 이 '동료들'이란, 이 도로에서 몇 미터 떨어진 산업구역 노동자들을 말한다. 그 5,000여 명들 중 파업에 동참한 사람은 1명도 없었다. 다만 '동료들'은 전단지를 받으면서 활동가들에게 격려와 감사를 표현했다.

그러나, 활동가들은 지쳤다. 여러 차례의 시위에(한 활동가는 방데주에서 이번 겨울만큼 많은 시위가 일어난 적은 없었다고 말했다), 지지와 축하의 메시지에, 도로의 경적 소리에, 절대로 활동이나 파업으로는 전환되지 않는 이 모든 것에 지쳤다. 포기, 체념, 개인주의, 재정적인 어려움 등 활동가들이 꼽은 피로의 원인은 각기 달랐다. 그럼에도 그들은 여전히 나무판을 가져오고, 나뭇가지를 모아오고, 전단지를 제작하고, 보온병에 커피를 담아 오고, 웃고 있다. 저마다 각자의 방식으로 투쟁을 계속하고 있다.

CGT 라 로슈-쉬르-용 지부의 철도원들도 이처럼

<방패>, 2011 - 본 커밍스 섬너

모순적인 상황에 놓여 있다. 그들은 사무실에 우리를 초대해 풍성한 음식을 대접했다. 현재 철도원 노조는 무기한 파업에 들어간 상태다. 그러나 무기한 파업에 모두가 찬성하는 것은 아니다. "지금까지 파업 중인 동료들은 의지가 굳은 핵심 인물들입니다." 올리비에가 말했다. 모두가 더 많은 직원을 파업에 동참시키지 못한 것을 아쉬워했다. "최악은 파업에 전혀 무관심한 경우입니다."

올리비에가 한숨을 내쉬었다. "파업에 참여한 직원은 소수이지만, 일부 동료는 태업으로 지지 의사를 표현했습니다. 근무시간에 온종일 휴대전화로 게임을 하는 식이지요." 올리비에는 직원들의 "정치적 의식과 노조 활동에 대한 인식이 너무 부족하다"라고 비판했다. 사실 프랑스 국민 대다수가 이번 개혁안이 불공정하다고 인식하고 있으며, 이는 모든 여론조사 결과로 확인되고 있다. "맞습니다." 세바스티앙이 말했다. "하지만 그 인식은 소파 위에서만 요란하게 표현됩니다. 집에서 TV를 보며 분노하는 단계를 벗어나 실제로 일터에서 작업을 중단하고 정부를 압박하는 단계에 이르기는 쉽지 않지요." 그럼에도, 각자 자신의 방식으로 투쟁하고 있다.

자본의 시간 vs. 투쟁의 시간

에리크도 투쟁을 계속하고 있다. "당장 눈에 보이는 성과가 없어도 활동을 계속해야 합니다." 낭트 (루아르-아틀랑티크)의 에어버스 CGT 노조원인 에리크는 이렇게 말했다. 우리는 에리크와 그의 동료 지미에게, 최근 노조원 150명을 동원해 원형교차로를 몇 시간 동안 완전히 폐쇄했던 것도 성과가 아닌지 물었다. 지미가 대답했다. "우리의 치부를 고백하는 것 같네요. 노조 대표 선거에서 우리를 지지해준 동료들만 모였어도 아마 1천 명 가까이 됐을 겁니다."

에리크가 덧붙였다. "사람들의 생각을 바꾸려면 굉장히 오랜 시간이 걸립니다. 우리가 죽기 전에 성과를 보지 못할 수도 있어요. 하지만 생각은 의식하지 못하는 사이에 서서히 변화합니다. 그래서 우리는 활동을 계속해야 합니다. 특히 속도에 연연하지 않아야 합니다. 공장에 갓 입사한 청년들은 대개 속도에 민감한데, 사회적 전복은 신속하게 일어나지 않습니다." 에리크가 덧붙였다.

지미도 '속도'에 대한 이야기를 했다. "공장에서는 작업 속도가 정해져 있습니다. 시간에 비례해 완수해야 할 작업량이 있지요. 자본의 시간입니다. 이제 우리는 더 긴 시간, 바로 우리의 시간에 재적응해야 합니다." 그리고 해결할 문제가 또 있다. 바로 디지털 제어 시스템이다. "우리는 그것을 '버튼'이라고 부릅니다." 에리크는 자신이 육체노동자인 것이 자랑스럽다고 말했다. "사실 공장 일을 하다가 노조 일로 옮겨오기가 무척 힘들었습니다. 작업실에서는 종일 일하면 제 손으로 만든 결과물이

남습니다. 그런데 노조 활동은 아무리 열심히 해도 당장 보이는 성과가 없습니다. 이 일의 특성이지요."

그럼에도 에리크와 지미는 투쟁을 이어가고 있다. 노조연합이 단결할수록 노조의 움직임에 주목하는 직원이 많아질 것이다. CGT 회원들은, 에어버스의 최대노조인 FO(Force Ouvrière, 노동자의 힘)가 노조연합에 협력하는 것만으로도 활동가와 파업 노동자의 위상이 높아졌다고 여겼다(에어버스 내 노조 순위는 FO, CFE-CGC(프랑스 관리자 – 간부총연맹), CFTC(기독노동자연맹), CGT이다-역주).

"3일 걸렸어요. 공장의 전 직원이 3일 동안 파업해 임금 인상을 얻어냈습니다."

노조원이 2,000명이 넘는 방데주 CGT 플뢰리미숑 지부의 장마리가 말했다. 그 정도면 신속하게, 효율적으로 원하는 결과를 얻은 것이 아닌가? 그러나 장마리는 펄쩍 뛰었다. "파업 3일은 너무 길지요! 그전에 몇 개월, 몇 년간 직원들의 의식을 변화시키려 노력했던 시간을 감안하면요."

장마리의 옆에 있던 미카엘은 "아무 생각이 없었던" 공장 입사 초기를 떠올렸다. 미카엘이 현실에 눈을 뜬 것은, 동료가 부당 해고를 당했을 때였다. 미카엘은 당시 공장 내에서 지지율이 가장 낮았던 CGT에 노조원으로 가입했다. 그로부터 15년 뒤 CGT는 직원의 거의 절반이 가입한 노조로 성장했다. 이 "긴 시

간" 덕분에 플뢰리미숑 CGT 회원의 10%가 연금개혁안 반대 시위에 참여했다. 미카엘은 연금개혁이라는 사안의 중요성에 비해서는 참여율이 낮았다고 아쉬워했다. 그러나 이 비율은 지역 노동자들 전체 가운데 시위에 참여한 비율보다는 훨씬 더 높았다. 이렇게 장마리와 미카엘은 투쟁을 계속하고 있다.

"투쟁에서 지더라도, 전쟁에서는 이길 것"

"노예 생활이 따로 없었습니다." 베아트리스는 신중한 사람처럼 보였다. CGT 소속의 재택 돌봄 서비스 노조를 이끄는 베아트리스는 사회생활을 막 시작했던 때의 이야기를 하면서 단어 하나 허투루 사용하지 않았다. 당시 베아트리스는 부당한 근무 조건을 받아들여야 했고, 정신적으로나 육체적으로나 힘든 시간을 보냈다고 털어놓았다. "다행히도 곧 좋은 친구들을 사귀었어요. 모두들 일이 끝나면 제 방으로 모여 가볍게 술과 안주를 먹으면서 저의 반려견들과 즐거운 시간을 보냈지요." 회사에서는 그녀가 노조를 결성하는 것이 아닌지 의심했다. 베아트리스는 웃으면서, 당시에는 노조에 관해 아무것도 몰랐다고 말했다. 이렇게 매일 밤 동료들과 함께 시간을 보내다 보면 언젠가는 노조를 만들 수도 있겠다는 생각도 전혀 하지 못했다.

그러나 매일 일상과 고충, 다과를 나누던 그들은 결국 한계에 이르

<집을 옮기는 전사>, 2011 - 본 커밍스 섬너

렀다. 그리고 2000년대 말, 베아트리스는 노조 대표로 선출됐다. "사측과 처음 협상했던 때가 생각납니다. 저는 불만스러운 항목들을 사장에게 조목조목 따졌습니다. 우리는 명백하게 비인간적인 대우를 받고 있었기에 어떻게든 제 의견을 관철해야겠다고 생각했지요. 사장도 인간이니, 제 말을 이해하리라 생각했습니다. 그런데 문제는 오히려 사장이 우리의 말을 너무 완벽하게 이해했다는 데 있었습니다. 그는 이렇게 대답했어요. '알겠어요. 당신도 힘드시겠지요. 하지만 원래 그런걸요. 당신이 만족하지 못한다 해도 바뀌는 건 없어요.'"

"그 말이 너무나 충격적이었어요." 베아트리스가 부드러운 목소리로 이어갔다. "그때까지 저는 계급투쟁을 하고 있다고 생각하지 않았어요. 서로의 입장이 다르다는 이유만으로 정당한 요구를 거절하리라고는 상상조차 하지 못했거든요." 헌법 제49조 3항(긴급 상황에서는 국무회의를 통과한 법안을 총리의 책임 아래 의회 투표 없이 통과시킬 수 있다-역주)을 이용해 연금개혁안을 날림으로 통과시킨 사건이나, 대중의 극심한 반발에도 '모르쇠'로 일관하는 현 정부의 모습이나, 베아트리스는 모두 같은 맥락이라고 설명했다.

그러나 베아트리스의 사장은 해당 분야에서는 드문 일이었던 파업이 일어나자, 결국 그녀의 요구를 받아들였다. 그리고 노조 결성 20년이 된 지금, 엘리자베트 보른의 연금개혁안에 반발해 일어난 방데 파업에 베아트리스가 속한 재택 돌봄 서비스 노조원의 10%가 참여했다. 베아트리스는 눈에 띄는 성과가 없는데도 노조 활동을 오랫동안 계속해 왔다. 그 오랜 시간을 기꺼이 감내했다. 그녀는 이 10%라는 숫자가 엄청난 승리라고 강조했다. 그리고 연금개혁안이 철회되지 않는다면 결국에는 "계급 투쟁"으로 이어질 것이라고 내다봤다. "투쟁에서는 질 수 있어도 전쟁에서는 질 수 없지요." 베아트리스는 투쟁을 계속하고 있다.

베아트리스의 옆에 있던 드니는 기분이 좋아 보였다. 드니가 수학을 가르치는 기술 고등학교에서는 파업이 아주 짧게 일어났지만, 전례 없는 일이었기에 승리나 마찬가지였다. 드니의 동료 중 한 명이 숲에서 나무를 직접 베어다가 학교 건물의 입구를 모조리 막아버렸다. "사실 그 친구가 2018년 우리 학교로 부임해 왔을 때 대놓고 싫은 티를 냈어요. 그는 마크롱의 광팬이어서 마크롱이 나오는 토론 방송을 5시간 연달아 보기도 했거든요. 안 본 방송이 없을 거예요. 프랑스 어디에도 그런 사람은 없을걸요."

그러나, 드니는 마음을 열고 '마크롱의 광팬'을 일과 후 술자리에 초대했다. "매주 금요일, 우리는 학교 근처 술집에 모이곤 했습니다. 맥주를 마시며 카드놀이를 했지요. 그리고 다양한 주제에 관해 이야기했어요. 물론 정치 이야기도 했고요. 그렇게 계속 함께했더니, 그 친구는 마크롱의 광팬에서 시위용 나무를 가져오는 사람이 됐네요. 5년이 걸렸습니다." 5년은 긴 시간일까? "아니요. 5년이면 빠른 거지요!" 드니가 웃음을 터트렸다. 드니는 앞으로도 투쟁을 계속할 것이다. **ID**

글·피에르 수숑 Pierre Souchon
기자

번역·김소연
번역위원

(1) 우리와 대화를 나눈 사람들은 모두 이름으로만 표시했다.

부패한 에이전트, 비리, 공모, 자금 세탁

벨기에 축구의 어두운 민낯

파트리크 르마클과 티에리 뤼테르, 두 기자는 2년 반 동안 벨기에 축구계의 비리를 파고들었다. 대부분 익명을 요구한 관계자 수십 명은 벨기에 축구계에 만연한 침묵의 계율을 깨고 인터뷰에 응했다. 두 기자는 주요 기밀문서, 특히 벨기에 사법 역사상 최초로 '수사 협조자' 지위를 보장받은 데얀 벨코비치의 심문 조서도 확보했다.

파트리크 르마클 ▌기자

외부인의 눈으로 벨기에 축구계를 보면 놀라운 사실을 하나 발견한다. 벨기에 축구계에서는 모두 아는 사이라는 사실이다. 물론 벨기에는 작은 나라다. 하지만 벨기에 축구계는 훨씬 더 작다. 이처럼 관계자들이 밀접한 환경은 매년 대규모 재정 비리를 확산시켰고 이는 결국 '풋벨게이트(Footbelgate)' 스캔들로 이어졌다.

'풋벨게이트'와 '깨끗한 손' 작전

모든 것은 2017년 말 시작됐다. 재무부 산하 금융정보처리부(CTIF)는 랭부르주(州) 하셀트 소재 한 은행에서 한 사람과 연관된 27개의 은행 계좌를 발견했다. 이 사실을 통보받은 연방 검찰은 예심 판사를 배당해 수사에 착수했다. 이 수사는 1990년대 초 (장관, 상하원 의원, 기업 대표 등) 다양한 인사들이 연루된 광범위한 부정부패 체계를 밝혀낸 이탈리아의 '마니 풀리테(이탈리아어로 깨끗한 손)' 작전을 본 따 '깨끗한 손(Mains propres)' 작전으로 불렸다.

수사팀은 즉시 해당 계좌들과 연관된 데얀 벨코비치를 도청했다. 세르비아 태생인 벨코비치는 선수 출신 에이전트로 수년 전부터 플랑드르 지방에 거주하고 있었다. 벨코비치를 도청하는 동안 수사관들은 아무 거리낌 없는 벨코비치의 통화 내용을 듣고 놀라움을 금치 못

했다. 벨코비치와 통화한 상대방은 암호화된 메시지나 단어를 일절 사용하지 않고 돈의 액수, 수수료 리베이트, 자금 운용 계획, 경기 '매수' 등을 있는 그대로 거론했다. 한 경찰관의 보고서에 따르면 "그들 모두 이런 대화를 지극히 당연하게 여기는 듯했다".

벨코비치를 도청 및 미행한 결과 곧 다른 주모자들의 정체도 밝혀졌다. 벨기에 축구계의 유력 에이전트 아르노 바야트, 이른바 '모기'도 그중 한 명이다. 모기의 가족은 이란 왕정 폐지 후 조국을 떠나 프랑스 남부에 정착했다. 이후 모기는 남동생 로베르 바야트, 이른바 '메흐디'와 함께 삼촌 압바스 바야트가 있는 벨기에로 향했다. 압바스 바야트는 당시 벨기에 축구 클럽 스포르팅 샤를루아의 구단주 및 단장(2000~2012)이었던 사업가다. 메흐디는 2012년 이 클럽을 인수했다.

"벨기에 최고 연봉 선수는 나"

모기는 2010년부터 벨기에 및 해외에서 에이전트로 활동하며 프랑스 낭트, 영국 왓포드, 이탈리아 우디네세의 단장들과 친분을 쌓았고 영국에서는 약 10여 개의 클럽에 소속된 선수들을 담당했다. 이 과정에서 그는 벨기에와 룩셈부르크에 각각 크리에이티브 앤 매니지먼트(Creative & Management), 인터내셔널 스포츠

앤 풋볼 매니지먼트(International Sports & Football Management)라는 회사를 설립했다. 에이전트 7년 차인 2017년, TV에 출연한 모기는 만면에 웃음을 띤 채 "벨기에 최고 연봉 선수는 바로 나"라고 뽐낼 만큼 승승장구했다.(1)

수개월 간의 조사 후 '깨끗한 손' 작전은 급물살을 탔다. 2018년 10월 10일, 벨기에 국내에서만 총 44건의 압수수색이 이뤄졌다. 프랑스, 룩셈부르크, 키프로스, 몬테네그로, 세르비아, 마케도니아 등 해외에서도 유럽 연합(EU) 형사사법 공조기관인 유로저스트(Eurojust)와 합동으로 13건의 압수수색이 진행됐다. 압수수색의 대상은 축구 클럽, 클럽 단장, 에이전트, 심판, 전직 변호사, 회계법인, 감독, 언론인 등 다양했다. 연방 검찰은 보도자료를 통해 "많은 사람의 자유를 박탈했으며 철저한 심문을 위해 연행했다"라고 밝혔다.

예비 조사 결과 폭력적 성향이 입증된 모기의 가택수색 시에는 무장 특공대가 문을 부수고 들어갔다. 8시간에 걸쳐 대저택을 수색한 끝에, 수사관들은 한 방에서 불법체류 중인 루마니아 국적 직원 2명을 발견했다. 또 다른 방에서는 축구 클럽 서류, 선수 파일, 브뤼셀 소재 보석상의 송장들을 찾아냈다. 차고에는 고급 승용차 7대가 있었으며 모기 아내의 핸드백에서는 현금 7,500유로가 나왔다.

무제, 2023 - 미셸프랑수아

"내 의뢰인은 명품시계 케이스 수집가"

하지만 경찰이 가장 수상하게 여긴 부분은 200여 개에 달하는 명품 손목시계 케이스였다. 대부분은 비어 있던 이 케이스들에 총 800만 유로 상당의 시계가 들어 있었을 것으로 경찰은 추정했다. 이후 모기의 변호사 장필리프 마이앙스는 "내 의뢰인은 명품시계 케이스 수집가다. 그는 원하는 것을 수집할 권리가 있다"라고 주장했다.(2)

모기 바야트는 결국 체포됐고 미결수 상태로 48시간 구금된 후 루뱅 교도소에 46일간 수감됐다. 벨기에 검찰은 그가 자신의 이익을 극대화하기 위해 클럽들에 손해를 입혀가며 불법적인 시스템을 구축했다는 혐의를 제기했다. 손목시계에 대해서는 부가가치세(VAT) 탈루의 일종인 사기 거래 혐의가 더해졌다.(3) 그뿐만이 아니었다. 검찰은 잘 짜여진 수수료 리베이트 시스템에 따라 선수 이적을 '알선'하는데도 손목시계가 사용된 것으로 의심했다. A구단이 B구단으로부터 한 선수를 사들일 때 두 구단은 합의된 이적료를 주고받는다. 이때 이적에 관여한 에이전트들은 이적료의 일정 비율을 수수료로 받는다. 에이전트들은 이 수수료의 일부를 이적이 성사되도록 도운 관계자, 예를 들어 A 구단의 단장에게 되돌려 준다. 이런 방식의 수수료 리베이트에서

<다른 축구>, 2023 - 미셸 프랑수아

색해 현금 700만 유로, 보트 1척, 아파트 2채, 고급 승용차 3대를 압수했다.

"가장 확실한 수입원은 선수 거래"

케빈 더브라위너도 에이전트에게 당했다. 맨체스터 시티 소속 벨기에 선수인 더브라위너는 오랫동안 함께 일한 에이전트 파트리크 더코스터를 사기 혐의로 고소했다. 더브라위너는 선수 생활 초기부터 더코스터가 수백만 유로를 가로챘다고 주장했다. 2020년 9월, 더코스터는 사문서위조, 위조사문서행사, 자금세탁으로 기소된 후 생질 교도소에 3주간 수감됐다. 더코스터를 고소하기 직전, 더브라위너는 맨체스터 시티와의 계약을 4~5년 연장했다. 이 과정에서 더코스터는 800만~1,000만 유로의 수수료를 챙겼다. 더브라위너는 결국 브뤼셀의 한 로펌을 통해 맨체스터 시티와의 계약서를 새로 썼다. 더브라위너가 이 로펌에 지불한 비용은 2만 유로에 불과했다.

파리 생제르맹에서 이적해 현재 보루시아 도르트문트에서 뛰고 있는 벨기에 선수 토나 뫼니에도 2018년 자신의 전 에이전트 디디에 프레네를 사기 및 배임 혐의로 고소했다. 뫼니에는 2011년 비르통에서 브뤼헤로 이적 시 상황에 문제를 제기했다. 당시 프레네는 이적 당사자인 뫼니에에게 알리지도 않고 브뤼헤가 뫼니에를 재이적 시키는 계획

는 현금 또는 명품시계와 같은 금품이 은밀하게 이용된다. 이는 형법상 탈세, 수뢰, 자금세탁에 해당하는 범죄다.

수많은 증언과 자료들은 벨기에 축구 에이전트들 사이에 이런 비리 시스템이 대규모로 구축됐음을 시사한다. 최근 몇 년간 급증한 소송이 그 증거다. 레알 마드리드의 골키퍼 티보 쿠르투아를 비롯해 여러 '붉은 악마(Diables rouges)'(벨기에 축구 국가대표팀의 별명)를 담당하는 에이전트 크리스토프 앙로테는 2019년 자금세탁, 공모, 뇌물 혐의로 기소됐다. 특히 문제가 제기된 것은 알렉산다르 미트로비치가 안더레흐트에서 뉴캐슬로, 유리 틸레만스가 안더레흐트에서 AS 모나코로 이적할 당시의 상황이다. 벨기에 사법부는 앙로테의 모나코 가택을 수

을 세웠다. 그리고는 프레네의 회사와 구단이 이적료를 나누기로 합의한 것이다. 프레네는 현재 네덜란드에서 뛰고 있는 벨기에 선수 란드리 디마타에게도 고소당했으며 사문서위조, 위조사문서행사, 사기, 자금세탁, 조직범죄 혐의로 기소됐다.

2021년, 안더레흐트 구단의 대주주 마르크 쿠케는 전 단장 로저 반덴 스토크, 헤르만 반 홀스비크를 고소했다. 두 사람은 구단 매각 과정에서 사문서 위조, 위조사문서 행사, 자금세탁, 사기를 저지른 혐의로 기소됐다. 기소 명단에는 크리스토프 앙로테(사문서 위조 및 사기)와 안더레흐트의 전 행정 책임자 및 변호사 2명도 포함됐다. 이 사건에 대한 조사는 주로 탈세 및 심각한 금융범죄를 전문으로 하는 브뤼셀의 예심 판사 미셸 클레즈가 담당했다.

리에주 대학의 미카엘 당틴 교수는 여러 가지 요인이 벨기에 축구계의 폐단을 만들었다고 설명했다. 선수 거래에 거액이 오가고, 다양한 관계자가 관여한다. 이때 재량권을 한 사람, 대개 감독이 쥐고 있다. '선수의 상품가치'를 감독이 평가하기 때문이다. 축구 선수의 '몸값'을 객관적으로 책정하는 척도는 없다. 벨기에 법률은 이해가 상충될 때 유연하게 적용한다. 당틴 교수는 "대부분의 구단이 적자에 시달린다. TV중계권료 수입은 매우 적다. 협찬이나 경기 당일 수익도 제한적이다. 확실하게 돈이 되는 방법은 선수 이적뿐"이라고 설명했다.

부패한 곳은 벨기에 축구계만일까?

그렇다고 해서 벨기에가 특별한 사례는 아니다. 과연 다른 국가들은 이런 관행에서 자유로울까? 동일한 범죄유발 요인은 타국 리그에도 존재한다. 당틴 교수는 "마법 지팡이가 있어서 독일, 프랑스, 영국 축구의 이면도 들여다볼 수 있었으면 좋겠다. '풋벨게이트'의 주모자 중 상당수는 벨기에와 해외에서 동시에 활동했다"라고 강조하며 "국내에서 이토록 더러운 이들의 손이 해외에서라고 깨끗하지는 않았을 것"이라고 덧붙였다.

'깨끗한 손' 작전으로 되돌아가 보자. 벨코비치 가

택의 수색은 순조롭게 진행됐다. 수사관들은 벨코비치의 컴퓨터와 휴대전화를 압수했다. 서재에서는 수십 개의 파일로 가득 찬 캐비닛 여러 개가 발견됐다. 서류들은 모두 가지런히 정리돼 있었다. 선수 이적 관련 서류들은 얼핏 보기에 법적으로 전혀 흠잡을 데가 없어 보였다. 그런데 한 가지 세부 사항이 경찰의 눈길을 끌었다. 첨부 문서에 적힌 숫자, 날짜, 이니셜이었다. 각 파일마다 첨부 문서가 딸려있었다.

수사관들은 안더레흐트 구단 매각 조사 당시 앙로테의 모나코 가택수색에서도 이와 유사한 서류를 발견한 적 있다. 앙로테의 집에서는 TV 아래 작은 캐비닛에서 잡지들 사이에 끼어 있는 작은 수첩이 발견됐다. 이 수첩에는 선수 이적과 관련된 것으로 보이는 이름, 날짜, 금액이 적혀있었다. 경찰은 금광을 발견했고 에이전트들은 아킬레스건을 들켰다. 선수 이적 시 공시된 이적료는 절대 한 번에 지급되지 않고 계약 기간에 따라 6개월 또는 12개월마다 분할 지급된다. 에이전트가 이적에 관여한 여러 관계자에게 일정한 주기마다 돈을 배분하려면 장부를 기입할 수밖에 없다.

벨코비치는 플랑드르의 유명 변호사 크리스 뢱스를 선임했다. 이 선택은 벨코비치의 앞날을 좌우한다. 뢱스 변호사는 거물 변호사일 뿐만 아니라 플랑드르의 자유민주주의 정당인 자유당(Open VLD)의 사무총장이기도 하다. 뢱스 변호사는 이탈리아, 네덜란드, 독일 등 다른 유럽 국가의 법률을 모델로 한 '수사 협조자에 관한 법안' 채택을 지지했다. 이 법은 '깨끗한 손' 작전이 시작되기 채 두 달도 되기 전인 2018년 8월 17일 발효됐다. 경찰이 장부를 발견하자 벨코비치는 궁지에 몰렸다. 그는 감방에서 TV를 통해 축구계 전체가 자신을 외면하는 상황을 지켜봤다. 벨코비치는 결국 모든 사실을 털어놓으며 수년간 단장, 선수, 에이전트, 심판, 감독들에게 2,550만 유로의 검은 돈을 건넸다고 시인했다.

그 사이 뢱스 변호사는 벨코비치가 '수사 협조자' 지위를 보장받을 수 있도록 연방 검찰과 합의서를 작성했다. 뢱스 변호사는 "분명 양측 모두에게 새로운 일이었다. 최초의 '수사 협조자' 사례였기 때문이다. 양측 모두 상대측에 대한 신뢰가 있어야 했다"라고 설명했다. 2023년 사망하기 전까지 이 사건을 담당했던 연방 검사보 에리크 비숍은 "다양한 사기 사례를 파악하려면 내부자의 증언이 중요했다"라고 설명했다. 벨코비치는 검찰과 각서를 체결하고 벨기에 축구계 부패 전반에 대한 정직한 진술을 약속했다. 2018~2021년, 하셀트 경찰은 27차례에 걸쳐 벨코비치를 심문했다.

벨코비치가 수사관들에게 털어놨듯, 그가 만든 시스템은 매우 간단했다. 그는 키프로스와 몬테네그로에 각각 자신의 회사를 등록한 뒤 소위 '스카우트'(새로운 인재 발굴) 송장을 작성했다. 거의 모든 이적 시 이 두 회사 중 한 곳이 스카우트 송장을 발행했다. 일례로 3년간 몬테네그로, 마케도니아, 세르비아에서 재능 있는 선수를 발굴한다는 명목으로 총 80만 유로의 송장이 발행됐다. 실제로 선수 발굴을 위해 한 일은 전혀 없었지만 구단은 벨코비치의 회사에 돈을 지불했다. 이 검은 돈은 우회 경로를 통해 벨기에로 재송금된 후 다양한 중개자, 주로 구단장에게 돌아갔다. 또는 세무당국의 눈을 피해 감독 및 선수들의 급여 봉투에 들어가기도 했다.

"심판에게 경기 결과를 '부탁'했다"

벨코비치의 조서를 읽다 보면, 벨기에 축구계에서 결정권을 쥐고 있는 주요 인물들이 등장하고 벨코비치가 이들에게 얼마나 관대했는지 알 수 있다. 현금 봉투("나는 레스토랑 화장실에서 그에게 봉투를 건넸다."), 명품 손목시계, 디자이너 의류, 자동차 구매를 위한 증여성 대출 등 벨코비치는 사업 파트너들에게 아낌없는 보상을 제공했다. 이런 관행들은 2018년 11월 23일 자 심문에서 명백히 드러난다. 2016~2017년 시즌 말, 안더레흐트에서 뛰었던 유망주 소피안 아니는 연봉인상을 요구했다. 소피안의 에이전트인 벨코비치는 아니의 요구를 구단에 전달했고 안데를레흐트 단장 헤르만 반 홀스비크는 처음엔 이를 거절했다. 당시 안더레흐트는 벨기에 리그 우승을 좌우할 브뤼헤전을 몇 주 앞둔 상황이었다.

반 홀스비크는 벨코비치를 사무실로 불렀다. 벨코

비치는 당시 상황을 다음과 같이 진술했다. "반 홀스비크는 세바스티앵 델페리에르가 이 경기 심판으로 지정됐다고 말했다. 델페리에르 심판은 나와 가까운 친구다. 반 홀스비크는 델페리에르 심판에게 연락해 안더레흐트가 브뤼헤와의 경기에서 지지 않게 해달라고 내게 부탁했다." 반 홀스비크는 그 대가로 아니의 연봉인상과 벨코비치의 수수료를 약속했다. 벨코비치는 레스토랑에서 델페리에르 심판을 만나 아니의 연봉인상이 해당 경기에 달려있다고 설명했다.

"세바는 걱정하지 말라고 나를 안심시키며 안더레흐트가 지지 않도록 하겠다고 (...) 대놓고 약속했다. 나는 세바를 끌어안고 그의 볼에 입을 맞췄다. 이 경기는 1대1 동점으로 끝났다. 아니의 연봉은 곧 인상됐고 벨코비치는 44만 유로의 수수료를 챙겼다. 벨코비치는 더욱 상세한 진술을 이어갔다. 연봉인상 계약에 서명한 후 "반 홀스비크는 인생은 거래라고 했다. 나는 얼마를 원하는지 물었다. 그는 내가 찬 손목시계가 마음에 든다고 대답했다." 벨코비치는 반 홀스비크 내외를 보석상으로 불러 손목시계 두 개를 선물했다. 가택수색 당시 압수한 문서에 따르면 이 시계 구매 비용은 4만 3,500유로였다.

11월 23일자 심문 조서는 독창적인 희극 대본을 읽는 듯하다. 벨코비치는 2010년의 한 일화를 들려줬다. 로케렌의 구단주 로저 람브레흐트('풋벨게이트' 기소장에 포함된 이로 최근 별세)는 로케렌의 감독직을 놓고 조르주 리켄스와 사전 계약을 체결했다. 벨코비치는 당시 리켄스 감독이 20만 유로의 선금을 몰래 받았다고 밝혔다. 람브레흐트가 낡은 빵 봉지에 지폐를 채워 리켄스 감독에게 건넸다고 한다. 그런데 리켄스는 벨기에 국가대표팀 감독에 선출됐고 결국 로케렌과의 계약을 파기했다. 그런데 리켄스 감독이 선금을 반환하려 하지 않자, 람브레흐트는 그에게 거래를 제안했다. 벨코비치는 당시 상황을 다음과 같이 설명했다.

"로저 람브레흐트는 내게 리켄스 감독이 로케렌 소속 선수 한 명을 대표팀으로 선발하는 데 합의했다고 했다. (...) 그러면 그 선수의 '몸값'도 오르고, 리켄스가 20만 유로를 반환하지 않아도 람브레흐트는 선수를 이적

시켜 검은 돈을 챙길 수 있다." 2011년 8월 10일, 로케렌 소속 카투쿠 치망가가 실제로 대표팀에 선발됐다. 그는 슬로베니아와의 친선전 종료 4분 전에 교체 투입됐다. 치망가가 대표팀에서 경기에 출장한 것은 이때뿐이다. 몇 달 후 치망가는 250만 유로에 헹크로 이적했다. 축구 전문 사이트 〈트란스페르마르크트(Transfermarkt)〉에 따르면, 치망가가 벨기에 국가대표팀에 선발된 이후 급격히 '몸값'이 뛰었다고 한다.

버스 한 대를 채울 부패 관계자들

2022년 1월 14일, 3년에 걸친 심리 끝에 벨코비치의 심문이 종결됐다. 연방 검찰은 앤트워프 항소법원 기소부에 벨기에 축구계 최고 수뇌부들의 이름이 담긴 명단을 제출하고 이들의 사건을 형사 법원으로 이송할 것을 요청했다. 개인 56명, 법인 1곳, 여러 구단(안더레흐트, 브뤼헤, 스탕다르 리에주, KAA 헨트, 스포르팅 샤를루아, KRC 헹크, KV 메헬런, SK 베베런, 로열 앤트워프)의 전현직 경영진, 벨기에 축구 협회의 두 전직 회장(변호사 프랑수아 더케이르스마커르와 메흐디 바야트), 사회당 소속 전 앤트워프 시장, 감독, 선수, 전현직 선수, 전직 변호사 1명, 벨기에 최고 심판 2명 등이 이에 포함됐다. 물론 이 시스템의 핵심 인물인 두 에이전트, 벨코비치 그리고 메흐디 바야트의 형, 모기 바야트도 당연히 포함됐다. 한 수사관은 "버스 한 대를 가득 채울 만하다"라고 비웃었다.

연방 검찰의 기소장에는 사문서위조, 자금세탁, 승부 조작, 조직 범죄, 부가가치세 탈루 등의 항목이 나열됐다. 연루된 클럽들이 벨기에 리그 챔피언 타이틀을 차지한 횟수가 도합 80회에 달하는 사실로 사태의 심각성과 규모를 가늠할 수 있다. 축구 관계자 200명은 세무당국에도 신고됐다. '풋벨게이트'과 관련해 받은 돈을 신고하지 않았기 때문이다. 연방 검찰이 기소한 사람 중 가장 거물급 인사는 벨코비치와 모기 바야트다. 벨코비치의 기소장은 그가 구축한 시스템이 벨기에 축구계 전체를 부패시킨 점을 강조하며 약 40건의 선수 이적 계약을

언급했다. 검찰은 10여 개의 사건에 대해 모기 바야트를 개별적으로 기소했다.

2021년 11월 25일, 앤트워프 법원 기소부는 벨코비치가 연방 검찰과 체결한 합의서를 승인했다. 벨코비치는 진술의 진실성을 인정받아 '수사 협조자' 지위를 보장받았다. 합의서에 따라 벨코비치는 징역 5년의 집행유예와 벌금 8만 유로를 선고받았다. 약 400만 유로로 추정되는 불법 취득 자산은 몰수당했다. 이로써 벨코비치는 벨기에 사법 역사상 최초의 '수사 협조자'로 기록됐다.

'풋벨게이트' 수사는 아직도 진행 중이다. 일부 피고인의 추가 조사 요청으로 수사가 지연되고 있기 때문이다. 일부 관련자는 기소를 면하는 대신 추정된 세금을 납부하기로 검찰과 합의했다. 검찰은 약 12명과 합의를 마무리했으며 아직 검토 중인 합의도 있다. 따라서 누가 법정에 설 것인지는 현재 예측 불허다. ⒧

글·파트리크 르마클 Patrick Remacle
기자, 티에리 뤼테르 기자와 함께 TV 탐사 다큐멘터리 〈Le milieu de terrain 축구장 한 복판〉을 제작했다.

번역·김은희
번역위원

(1) 〈RTBF〉, 2017년 10월 16일.
(2) 〈Le Soir〉, Bruxelles, 2019년 3월 27일.
(3) 사기 거래(Carousel fraud)는 2개 이상의 회사가 연루된 탈세 방법이다. (대개 임시 설립한) 한 회사가 허구의 상품(재화나 용역) 거래 송장을 발행한 뒤 세무당국으로부터 해당 거래의 부가가치세를 환급받는다.

2024년 파리 올림픽 앞두고 먹구름

폭우로 드러난 '센강 수영'이라는 사기극

2024년 파리 올림픽을 1년 앞둔 2023년 7~8월, 파리 지역에는 몇 주 동안 비가 내렸다. 이 비로 인해 파리 시청부터 대통령실까지 모든 권력기관이 약 10년에 걸쳐 동참해 온 사기 행각이 만천하에 드러났다. 1923년부터 시 행정명령에서도 센강에서는 수영을 금지하고 있다. 비가 오든, 오지 않든 마찬가지다. 센강의 오염으로 인한 위생문제 때문이다. 하지만 과도한 스포츠 사업과 인위적 인기를 좇는 정치인들의 눈감아주기, 어떻게 해서든 이득을 얻으려는 사람들 때문에 '센강에서의 수영'이라는 거대한 거짓말이 탄생했고, 덕분에 올림픽은 악몽이 될 위기에 처했다.

마크 래메 ▮ 기자

2023년 7월 말, 일드프랑스주는 두 달 전 실시한 박테리아 분석결과를 토대로, 파리 시내 알렉상드르 3세 다리와 알마 다리 사이에서 8월 5일~6일 이틀 간 진행될 오픈 워터 스위밍(바다, 강, 호수 등 자연의 물속에서 진행되는 수영경기-역주)대회를 "원칙적으로" 허가했다. 이번 대회는 세계수영연맹 '월드 아쿠아틱스'의 주관으로 센강에서 열리는 오픈 워터 스위밍 월드컵으로,

파리 올림픽 조직위원회로서는 2024년 올림픽을 '사전 테스트'할 기회였다.

토요일에는 여자 수영선수들이 그리고 일요일에는 남자 수영선수들이 시합에 나서, 에펠탑을 배경으로 유명한 두 다리 사이 1.6km 코스를 자유형 크롤 영법으로 여러 차례 왕복하며 총 10km를 완주할 예정이었다. 파리 올림픽 홍보담당자들이 그토록 고대하던 상징적인

<아스니에르에서의 물놀이>, 1884-1887 - 조르주 쇠라

장면이 될 터였다.

수질 대장균 오염 심각, 수영대회 전격 취소

일드프랑스주는 2023년 8월 17일에서 20일까지 열리는 트라이애슬론 테스트 경기도 허가한 바 있다. 센강은 2024년 올림픽에서 수영 마라톤, 트라이애슬론, 장애인 트라이애슬론 경기가 열리는 장소다.

그러나 2023년 8월 3일 저녁, 프랑스 수영연맹은 "최근 파리에 내린 폭우로 센강의 수질이 안전을 보장할 수 있는 기준 밑으로 떨어졌다"라고 알렸다. 조사 결과, 대장균 수치가 기준치 이상이었다. 세계수영연맹의 경기 개최 기준은 100㎖당 대장균 수치 1,000CFU(콜로니 형성 단위) 이하인데, 24시간 전 센강에서 채취한 표본에서는 100㎖당 1,300CFU가 검출됐다. 결국, 금요일로 예정됐던 훈련을 비롯해 그 다음 주말 예정이었던 오픈 워터 스위밍 월드컵도 취소됐다.

파리시는 "2023년 6월 6일부터 7월 19일까지 42건의 조치를 취했고, 그 결과 수질이 개선되고 있음을 확인했다"고 밝혔다. 그러나 그해 7월 말 '이례적 사건'이 발생해, 수질 개선 효과가 수포로 돌아갔다. 파리시에 따르면 "7월 20일에서 8월 2일 사이, 파리에 104㎜의 폭우가 쏟아졌는데, 이는 20년 만에 최대 기록이며, 지난 20년 동안 평균 강우량의 4배에 달한다."

하지만 오픈 워터 스위밍의 위험은 이미 널리 알려져 있었다. 2016년 리우데자네이루 올림픽과 2021년 도쿄 올림픽에 참가했던 선수들도 이 위험에 대해 털어놓았다. 7월 마지막 주말 영국 선덜랜드에서 열린 트라이애슬론 경기에서도 같은 문제가 발생했다. 수영을 마친 57명의 선수가 설사와 구토 증상을 보인 것이다. 대회 3일 전 환경청에서 실시한 검사에서 대장균 수치가 평소의 약 39배에 달했다는 결과가 나왔다. 결국, 파리시 홍보관계자(약 300명)들과 모든 관련 기관에서는 서둘러 사방으로 메시지를 보냈고, 언론은 이를 그대로 전했다. "모두 예상한 일이다. 2024년에 같은 일이 반복된다면, 경기를 며칠 미룰 것이다."

혹시 차선책이 있을까? 2023년 8월 6일, 브리지트 레가레 올림픽 조직위원회 파리 시내 경기담당관은 AFP에 이렇게 답했다. "차선책은 센강에서 수영을 하는 것이다. 자신 있다. 이 문제에 대해 4년 전부터 당국과 노력했고, 진전이 있음을 확인했다. 가능할 것이다." 순진한 바람이자 무기력함의 고백이다. 폭우가 내릴 경우 모든 장비가 물에 잠길 텐데, 날씨의 자비에 운명을 맡겨야 하는 상황이기 때문이다. 하지만 이런 당연한 사실은 10년 동안 온갖 변명으로 부정됐었다.

8월 19일과 20일, 또다시 문제가 불거졌다. 오래전부터 계획됐던 트라이애슬론 '테스트 이벤트' 중 수영 경기가 결국 취소된 것이다. 당국의 공동 성명에 따르면 "이번 8월 20일 일요일로 예정된 테스트 경기를 위해 실시한 검사에서 연구실에서 제공한 분석결과와 고주파 표본 분석장치의 결과에 차이가 있다는 사실이 재확인됐다. 이런 상황에서는 안전한 수영대회가 보장되지 않는다."

스포츠 및 센강 업무를 담당하는 피에르 라바당 파리 시장 보좌관도 전날 당혹함을 감추지 못했다. "놀라운 결과다. 정확히 무슨 일이 벌어지고 있는지는 우리도 잘 알지 못한다. 연구실 분석 결과가 센강에서 측정된 순간 판독 값과 일치하지 않았다." 그런데도 같은 날, 올림픽 개최의 중요 인물인 톤 에스탕게는 "2024년의 상황과 관련해 충분한 자신감을 갖고 있다"고 딴소리를 냈다.(1)

2024년 파리 센강에서의 수영, 미션 임파서블?

1988년 자크 시라크 전 대통령은 1994년에 파리 센강에서 수영을 하겠다는 선거 공약을 발표했고, 시장이었던 1990년 5월에도 같은 말을 했다. 그러나 센강의 수질이 개선되지 않아 이 약속을 지키지는 못했다.

수많은 강처럼 센강 역시 도시 폐기물(공장 및 작업장, 폭우 배수관…)의 배출구 역할을 해왔다. 또한, 상류에서 내려오는 모든 배출물(발랑통 하수처리장, 루아시샤를드골 공항 처리장 배수관)과 농업용수를 운반한다. 센강의 수질 오염으로 인해 수중 생물의 수가 상당히 많이 감소했는데, 1970년에는 파리에서 확인된 어류가 4종에 불과했다. 이후, 수질 개선 목소리가 높아졌고 2018년 조사에서는 약 30종이 존재하는 것으로 나타날 정도로 수질은 개선됐다. 하지만 이 어류들은 중금속에 오염돼 식용이 불가하다.

어느 시대에서나 센강에는 수영하는 사람들이 있었다. 하지만 본격적으로 유행이 시작된 것은 17세기 중반부터다. 당시에는 수위가 지금보다 낮았고, 모든 강가가 돌벽으로 둘러져 있지 않았다. 사람들은 처음에는 단순한 도구를 가지고 물장구쳤고, 18세기 초부터는 적절한 복장을 갖추고 수영을 했다. 공중목욕탕의 조상 격인 샤워보트 덕분에 사람들은 찬물과 더운물로 몸을 씻을 수 있었다.

센강에서의 수영은 1923년에 금지됐지만 1950년까지 불법적으로 성행했다. 공장들이 가동을 중단해 강물이 훨씬 깨끗했던 1939~1945년에는 수영을 하는 사람들이 더 많았다. 특히 1945년 8월에 센강은 헤엄치는 사람들로 넘쳐났다. 샤워보트 외에도 들리니 강변 수영장이 있었는데, 여과된 강물을 가둬서 물놀이를 할 수 있게 만든 곳으로 1933년 문을 닫았다.

트라이애슬론과 자유형 10km 등 2024년 올림픽의 두 수중 종목과 관련한 파리 시장의 약속은 2015년으로 거슬러 올라간다. 그 당시 안 이달고 파리 시장은 어느 날 아침 라디오 방송에서, 센강의 수질이 올림픽 때까지 개선된다면 에펠탑 아래 센강에서 두 종목의 경기를 치를 수 있도록 온 힘을 쏟겠다고 갑작스러운 발표를 했다. 중대한 사안이었지만, 발표에 따른 실질적인 조처는 없었다. 그저 가벼운 언행에 그쳤을 뿐이다.

운동선수들은 젊고 신체적으로 건강하기 때문에 세균에 오염된 강에 들어가도 큰 영향을 받지 않으리라 생각할 수도 있지만(물론 국제 규정에서는 높은 수질을 요구한다), 파리시가 설치하려고 하는 일반 시민용 수영구역에 대해서도 같은 생각을 해볼 필요가 있다.

파리시는 2025년 센강에 5개의 수영구역을 설치할 예정이다. 16구 불로뉴 숲과 트로카데로 광장 인근에 각

각 한 곳씩, 1구 퐁뇌프와 퐁데자르 사이 우안에 한 곳, 4구 노트르담성당과 퐁오샹주 사이 우안에 한 곳 그리고 마지막으로 12구 퐁드베르시와 시몬드보부아 인도교 사이 우안에 한 곳이다. 수 년 동안 교묘하게 다듬어온 허상이지만 서서히 그 실체가 드러나고 있다.(2)

오스만과 엔지니어 벨그랑의 해로운 유산

올림픽 개최지 경쟁 후보였던 로스앤젤레스와 5억 달러 규모의 '보상' 합의 후, 파리는 2024년 올림픽 개최지로 선정됐다. 이 과정에서 파리 시청이 마법의 부적처럼 홍보했던 센강에서의 수영 경기도 일정 부분 도움이 됐다. 파리시가 왜 이렇게 센강에서 올림픽 수영 경기를 치르겠다고 고집하는지, 이들이 갇힌 지옥 같은 함정을 제대로 이해하려면 먼저 19세기의 상황을 살펴봐야 한다. 네 번의 콜레라 유행으로 8만 명이 사망하자, 도시 정화의 필요성이 대두됐다. 파리 거리 아래에 셀 수 없이 많은 집수망을 설치한 뒤 거대 집수정과 연결해 도시의 하수를 이블린의 아셰르 평야로 배출하는 하수도를 건설했고, 수십 년 동안 사용했다. 그러나 도시 외곽까지 확장된 이 집수망은 처음 만들어졌을 때부터 하수구에서 나온 하수와 지붕과 도로에서 흐르는 빗물을 구분 없이 담아갔다.

오늘날, 파리시 하수처리 협회(SIAAP)가 처리하는 일드프랑스 주민 900만 명의 하수량은 건조한 날씨 기준으로 일일 250만m^3이고, 이 하수는 다섯 곳의 거대 하수처리장에서 처리한다. 1940년 건설된 역사적인 아셰르 처리장의 처리 용량을 보완하고자 1980년대에 건설된 곳들이다.

하지만 비가 오면, 특히 폭우가 쏟아질 경우 몇 시간 내로 탄화수소와 중금속에 오염된 빗물 전부가 모든 파리 거리의 배수구로 흘러든다. 일명 '일체형' 하수망은 이런 추가 유입을 수용할 수 없어, 배수구는 넘치고 파리 도심 전체가 침수된다.

해결책이 있을까? '폭우 배수관(DO)'은 센강 우안 지하 하수망에 연결된 47개의 파이프로, 파리 나시옹 역

에서 쉬렌까지 센강 우안에 설치됐다. 폭우가 계속되면, 정화되지 않은 하수와 우수(하수도로 유입된 빗물)가 센강에 바로 배출되는데, 이를 대비한 시설이다. 19세기부터 땅 밑에 묻혀 있던 수천km의 하수도망을 수백억 유로를 들여 다시 만들 수는 없기 때문이다. 이것이 지난해 7월 폭우를 통해 알아차렸듯, 센강에서 수영을 하겠다는 소리가 터무니없는 이유다.

센강에서 장내 바이스러스와 편모충 검출돼

20세기 초부터 특정 요인들을 제어하기 위한 지속적인 수질 분석이 시행돼왔다. 수영 중 즉각적인 질병의 위험을 측정할 수 있는 것은 주로 대장균과 장구균 등 대변 오염 지표로 나타나는 미생물 수치다. 이런 지표는 100년 이상 동안 수중 배설물의 존재를 나타내왔다. 여러 역한 연구 덕분에 이런 지표의 농도와 수영 중 질병 발생 확률 사이의 관계를 정립하는 게 가능해졌다. 이들 연구는 유럽연합 규정에도 적용돼, 통계 분석을 통해 수질에 따른 수영 구역 등급을 구분할 수 있다. 오염이 심한 구역은 수영에 부적합한 곳으로 발표된다. 수질 분석 시 신경계에 질병을 일으키는 시아노박테리아(아나베나, 마이크로시스티스 등)와 독성 식물성 플랑크톤(디노피시스, 알렉산드룸) 존재 여부도 측정한다.

그러나 미생물 검출에 대한 이런 법적 기준들은 현재 우리의 인식 수준에서는 매우 부족하다. 이런 세균 지표들을 이용해서는 특수한 장내 세균, 대장균군, 엔테로코커스 패칼리스 등만 찾을 수 있기 때문이다. 캄필로박터, 헬리코박터, 레지오넬라 및 더욱 골치 아픈 장내 바이러스(노로바이러스, 로타바이러스, 아스트로바이러스, 아데노바이러스, 레오바이러스), 엔테로바이러스(소아마비, 뇌수막염), A형 및 E형 간염(간 간염), 인수공통 감염 원충류, 이질 및 설사 유발균(편모충, 크립토스포리듐, 시클로스포라) 그리고 마지막으로 기생충(회충) 등은 조사 대상이 아니다.

하지만 최근 몇 년간 시행된 분석 작업에 따르면, 장내 바이러스 및 편모충 등일부 세균들도 강물에서 검출됐다.

폭우 내리고 고농도 분변지표 높아져

대장균은 식중독의 원인으로 널리 알려진 박테리아로, 치료가 불가능한 경우도 있고, 심한 경우 치명적인 결과를 초래한다. 대장균은 대규모 박테리아군으로 이뤄졌는데 그중 다수는 인간의 소화계에 존재하며 소화를 돕기도 한다. 그러나 일부 종은 중독을 일으킬 수 있다. 익히지 않은 음식이나 상한 음식을 섭취할 경우 발생하는 식중독이 일반적이다. 이 때문에 보건 당국은 바닷물이나 강물 등 사람들이 수영을 할 수 있는 물을 관리하면서 대장균 존재 여부를 감시한다. 실제로 수영을 하다가 이 박테리아를 섭취해 식중독에 걸릴 위험도 있다.

사실 식중독과 관련해 대장균은 살모넬라균, 리스테리아균만큼 사망을 초래할 가능성이 높지 않다. 그렇지만 대장균으로 인한 사망자도 꾸준히 발생한다. 2011년 유럽 최악의 전염병이 발생했을 때, 수십 명이 대장균 때문에 사망했다. 이보다 최근인 2022년, 두 명의 아동이 사망한 사건에 대해 프랑스 당국은 대장균에 오염된 뷔토니 브랜드의 피자 섭취가 관련이 있다고 의심했다.

한편, 신체가 오염된 물과 접촉되면 요로감염을 일으킬 수도 있는데, 이는 여성이 훨씬 더 위험하다. 급성 신부전을 일으키는 '용혈성 요독증후군(HUS)'으로 악화할 수 있는 대장균 감염은 아동과 노인들에게 특히 치명적이다. 치료도 어렵다. 살모넬라균 감염이나 리스테리아균 감염과 다르게, 대장균이 원인이 된 식중독은, 요로감염 시 외에는 항생제로 치료되지 않는다. 1980년대 말 이후 센강의 수질은 개선됐지만, 최근 미생물학적 분석에 따르면, 고농도의 분변 지표가 여전히 정기적으로 검출되며 특히 폭우 후에는 더욱 높은 것으로 나타났다.

과학자들과 물 관리 전문가들은 진실을 알아

파리시는 2024년 올림픽 개최 시, 트라이애슬론 경기나 자유형 10km 같은 경기들을 센강에서 열겠다고 제안했다. 시는 매년 여름 비에트 유역에 강물을 가둔 수영장을 만들면서 2025년에는 센강에서 수영이 가능하다고 홍보했다. 그러나 과학자들과 물 관리 전문가들은, 유럽지침에 정의된 '수영 가능한 물'의 조건이 2024년은 물론 2025년에도 달성되지 않을 것이라는 사실을 알고 있다.

1970년 이후 센강의 위생 상태는 개선됐지만, 커다란 위협은 계속된다. 돌발적인 위협으로는, 강력한 폭풍우 때문에 상류의 하수처리장이 범람하거나 파리 지역 폭우 배수관의 작동 용량이 초과하는 경우가 있고, 지속적인 위협으로는, (화장실에서 나오는) 오수관 수천 개가 빗물 파이프에 잘못 연결된 문제와 파리 땅의 70%가 물을 통과시키지 못하는 너무 큰 불투수성으로 인한 문제가 있다.

SIAAP, 센노르망디 수자원청, 파리시 및 파리 인접 3개 구역이 수행한 연구에 따르면 이런 문제를 해결하는 긴급 작업에 15억 유로가 소요될 것으로 추산된다. SIAAP는 2000년대부터, 폭우로 인한 유출량을 줄이기 위해 폭우 시 빗물 일부를 가둘 수 있는 파리 지하터널(TIMA)을 만드는 대규모 공사를 진행했다. 거대 저류조 세 곳이 총 20만m^3의 빗물을 가둘 수 있다.

그러나 파리의 불투수율이 70%에 달해서 10mm의 비교적 가벼운 폭우가 내려도 몇 시간 만에 60만m^3의 빗물이 차오른다. 이 세 곳의 저류조를 만드는 데 1990년대 중반부터 약 10년이 걸렸고, 2억 유로 이상이 들었다. 하지만, 이 저류조들은 순식간에 채워져서 거의 쓸모가 없다. 참고로, 마른강과 센강 상류 알포르빌 두 지점의 유량을 합하면, 파리가 시작되는 위치에서의 정확한 평균 유량을 얻을 수 있는데, 4만 3,500km^2의 유역에 대한 유량은 328m^3/s이다.

파란만장한 이야기의 최신 에피소드는 오스테를리츠 역 인근에 건설 중인 네 번째 터널 저류조에 관한 것이다. 폭우 시 초과되는 빗물을 저장하는 역할을 하는 이 저류조 건설은 1년 전부터 '센강 수영 계획'의 주요한 단계로 추진돼왔다. 하지만, 이 저류조의 용량은 5만m^3으로, 센강이 매일 운반하는 물의 양에 비하면 아주 적다. 1억 유로가 헛되이 쓰였고, 공사 도중 노동자 한 명이 사망하는 사고까지 발생했다.

파리 강우 계획, 방해요인들 곳곳에 도사려

2010년대에 구상된 파리 강우 계획은 비가 스며들 수 있는 지역들을 정하고, 새로운 도시계획에 개방된 토지를 포함하도록 규정하고 있다. 하지만 안타깝게도 계획 실행을 방해하는 요소들이 존재한다. 먼저, 수도의 북동쪽 전체를 포함한 일부 지역에는 오래된 석고 채석장들이 존재한다. 또한, 파리교통공사(RATP), 프랑스 국유철도(SNCF), 프랑스 송전망 운영기업(ENEDIS), 광섬유, 가스, 하수도 등 지중 네트워크 운영기업들은 자사 설비 피해를 우려해 계획에 반대한다. 도시계획에 따라 개발할 땅을 단 한 평도 잃고 싶지 않은 부동산 개발업자들은 말할 것도 없다. 시작되자마자 폐기될 위기에 처한 계획이다.

여기서 중요한 일화 하나를 소개한다. 파리시 20개 구청에서 해당 강우 계획을 사전에 공개하고 의견을 수렴하는 공고를 게시했지만, 단 한 명의 파리 시민도 의견을 내지 않았다. '관련 전문직' 납세자들의 참여를 강제하면서 다시 의견 수렴 과정을 거칠 수밖에 없었다. 강우계획과 더불어 정부, 지방 당국, 센노르망디 수자원청, SIAAP, 파리 항구 운영사 HAROPA는, 2018년 센강 수질 개선 노력을 위한 '태스크 포스'를 구성했다.

센강 하수 살균하려고 유해 화학물질까지 사용

2019년 7월 12일, 센노르망디 수자원청은 다섯 개의 태스크포스(TF)를 새롭게 구성하는 심의안을 채택했다. 2019년 11월에 임기를 시작한 이들의 역할은 2024년에 센강을 "수영이 가능하게" 만드는 것이다.(3)

첫 번째 TF는 SIAAP가 이끄는 '폐기물 선행처리' 팀으로, 하수처리장 방류구로 배출되는 오수의 세균 처리 시설을 도입하는 것을 목표로 한다. 하수처리장에서는 배설물을 통해 오염시키는 지표 세균을 99% 제거하지만, 미생물 부하가 높은 관계로 충분한 조처는 아니다.

나머지 1%도 오염 위험이 매우 크다. 2016년 SIAAP의 자크 올리비에 대표는 "세균학적으로, 물 1 l를 버리면 하천의 물 $10m^3$(약 1만 l)가 오염된다"고 말했다.

SIAAP는 파리 상류에서 두 곳의 정수장을 운영한다. 하나는 누아지르그랑에 있는 마른강 정수장이고, 나머지 하나는 발랑통에 있는 센강 정수장이다. 첫 번째 정수장(일명 '마른-하류')은 2009년 UV 살균 설비를 갖췄으나, 인근에서 수영하는 경우가 없어서, 전기 요금(연간 15만 유로)을 절약하기 위해 2013년 작동을 중지했다. 발랑통 정수장에도 UV 살균 설비 도입이 고려됐으나, 2016년 SIAAP가 추산한 비용이 대략 5,000~8,000만 유로에 달했다. 2019년 가을, '과산화포름산'을 이용한 화학적 처리에 큰 관심을 보였던 SIAAP는 (파리시의 바람과 다르게) UV 살균 기술을 포기했다.

화학처리 기술 중 하나인 Desin-Fix는 핀란드의 화학자 케미라가 2013년에 상업화한 기술로, 'Dex'라 불리는 과산화포름산을 현장생산하는 방식이다. 과산화포름산은 매우 강력하고 불안정한 산화제로, 라디칼 반응(홀전자를 가진 원자 또는 분자인 라디칼이 관여하는 화학반응-역주)을 통해 세균을 제거한다. 반응을 일으키려면, 과산화수소와 포름산을 기제로 하는 두 전구체가 정수장에서 직접 접촉해야 한다. 이 화합물들은 유럽연합 지침에 살생물제(생물에 유해한 화학물질-역주)로 등록됐으나, 환경부 장관은 하수 살균을 위한 사용을 허가했다.

프랑스에서는 해양개발연구소(IFREMER)의 모니터링과 함께 비아리츠에서 시험적으로 사용했고 본격 도입하지는 않았다. 그런데도 SIAAP는 결국 이 방식을 채택했다. 이후로도 SIAAP는 놀라운 활동을 이어갔고, 국제물협회(IWA)의 간행물에 자신들의 기적적인 해결방법에 관한 발표도 늘려갔다. 하지만 매일 60만 m^3의 오수 소독 비용이 1억 유로가 넘는다는 사실을 기억해야 한다. '센강에서의 수영'을 홍보하는 이들이 약속한 15억 유로와는 거리가 멀다.

잘못된 우수관 연결

발드마른 도의회가 이끄는 두 번째 TF '불량 연결부 제거'팀의 목표는, 부족한 하수관망을 추가 설치하고, 오수가 우수관망으로 흘러 들어가거나 반대의 경우로 오수와 우수가 섞여서 센강과 마른강까지 유입되게 만드는 건물들의 관로 연결 불량문제를 해결하는 것이다. 수년에 걸쳐 진행된 연구들에 따르면, 파리 시내 센강의 세균 오염 80%가 발드마른의 관로 연결 불량 때문으로 나타났다.

공개된 연구 결과에 따르면, 발드마른 지역에서만 5만~10만 건의 연결 불량이 파악됐고, 일드프랑스지역에서는 30만 건에 이르는 것으로 나타났다. 그러나 2년 전, 필자도 자료를 제공했던, 일드프랑스 〈France 3〉TV의 훌륭한 다큐멘터리에서 소개했듯이, 지난 10여 년간 해마다 수백 개의 불량 연결부가 수리됐을 뿐이다. 게다가 현재 이 문제에 관한 규제도 관리 기관도 전혀 존재하지 않는다. 불량 연결된 관로를 보수하는 데 필요한 예산은 약 3억 유로로 추산되지만, 아무도 예산을 보

<프랑스 다이빙 챔피언십에서 자전거를 타고 다이빙하는 델보르>, 1913 - 모리스루이 브랑제

유하고 있지 않다.

그래서 정부는 올림픽에 관한 두 번째 법에 따라 건물주가 해당 비용을 부담해야 한다고 결정해버렸다. 파이프 헤드 하나당 1만 유로를 지불해야 한다.(4) '수영 부대'가 주장한 15억 유로는 대체 어떻게 가능한 것인지 아직도 궁금하다.

센생드니 도의회가 주도하는 '빗물 관리' TF는, 비가 올 때 하수처리시설의 배출물 관리를 목표로 했다. 빗물이 하수처리망에 유입되는 것을 줄이고, 빗물 관리기능을 개선해 오수와 우수의 혼합 배출을 제한하는 것이 주된 임무다.

우리가 확인했듯, 파리시는 2018년에야 공식적으로 '강우 구역 설정'을 시작했다. 빗물이 하수처리망으로 유입되는 것을 줄이기 위한 조처다. 하지만 파리는 유럽에서 가장 많이 광물화된(콘크리트가 많은) 수도다. 지면의 불투수성을 없애야 하지만, 앞서 언급했듯이 도로관리 기관들, RATP, 부동산 개발자 등 모두가 반대한다. 이런 상황에서 파리 시내에 투수성을 확보하고자 하는 바람은 헛된 희망처럼 보인다.(5)

실현가능성 없는 '수영 가능 수질 인증'

파리 항구운영사(HAROPA-Ports de Paris)의 4번째 TF '보트 및 수상 시설'팀에서는 하우스 보트에서 배출되는 오수를 제거해 국지적 오염원을 처리하는 목표를 세웠다. 그러나, 파리 시내의 하우스 보트의 세균 오염원(배설물+생활하수)은 센강에서 측정된 전체 세균 오염의 2~3%에 불과하다. 그럼에도 파리 항구운영사는 20만 유로를 들여 하수망 연결 설비를 강둑에 설치하려고 하며, 하우스 보트 소유자들에게 4만 유로가 드는 보트 수리를 강요하고 있다. 더 경제적인 해결책(건식 화장실, 식물 정화 등)이 있음에도 말이다. 사실, 파리시와 파리 항구운영사는 하우스 보트들을 없애려 한다. 그 자리에 세금을 더 많이 걷을 수 있는 식당이나 나이트클럽 등을 채우려는 계산에서다.

수영을 위한 수로 개선과 관련한 5번째 TF '인식 개선'팀은 파리시가 주도했다. 몇 년 전 개정된 유럽연합의 '수영' 지침에 따르면, '수영 가능 수질' 인증을 받으려면 '프로필'을 작성해야 한다. 지난 4년간 수질관리를 위해 어떤 조치와 관리를 했는지 프로필에 기재한 후에야 해당 등급을 인증받을 수 있다.(6) 그러나 센강이 지침에 따른 인증을 받을 가능성은 거의 없으므로, 파리시는 마키아벨리즘(목적을 위해 수단을 가리지 않는 것 – 역주)에 따라 올림픽 수영은 '실험적'이라고 주장하며 지침을 비껴가려고 했었다.(7)

하지만 이 놀라운 가면무도회는 7월과 8월에 내린 비정상적인 폭우로 인해 끝이 났다.(8) 센강에서의 수영을 고집하는 이들은 안타깝게 화재 피해를 본 노트르담성당에 촛불을 밝히러 가지도 않았다. 노트르담성당 화재는 사고였지만, 올림픽 기간 중 센강에서 수영을 하겠다는 계획은 조직적인 속임수다. **LD**

글·마크 래메 Marc Laimé
기자. 저서로 『Dossier de l'eau. Pénurie, pollution, corruption 물 문제: 부족, 오염, 부정부패』(Seuil, Paris, 2003)가 있다.

번역·김자연
번역위원

(1) Marion Canu, 'JO de Paris 2024 : une épreuve test de natation à nouveau annulée dans la Seine ce dimanche 2024 파리 올림픽: 일요일, 또다시 취소된 센강 테스트 수영대회', <Le Parisien>, 2023년 8월 20일, 파리 수자원 연구 개발 담당 로랑 물랭 인터뷰(<France Info>, 2023년 8월 17일).
(2) 'Au bord du canal de l'Ourcq, baignade interdite mais fraîcheur assurée', Perrine Kempf 수영은 금지됐지만 상쾌함을 맛볼 수 있는 우르크 운하, <Libération>, 2023년 8월 20일.
(3) 센강과 마른강 수영 실행계획 관계자 협약에 대한 2019년 7월 12일 심의 CA 19-33 (PDF), 센노르망디 수자원청.
(4) 올림픽 및 장애인 올림픽 개최에 관한 2018년 3월 26일의 2018-202 법 제11-1조.
(5) Emma Thébault, 'La ville à fleur d'eau. Doctrines techniques et aménagements de l'eau de pluie et des cours d'eau dans l'agglomération parisienne 1970-2015 물과 가까운 도시. 1970~2015 파리 지역 내 우수 및 수로에 관한 기술적 견해 및 정비', 지리학 학위논문, 파리1 팡테옹소르본 대학교, 2019년.
(6) Michèle Gourmelon, 'Contamination des eaux de baignade et des coquillages par des matières fécales : comment identifier les sources 배설물에 의한 물놀이용 물 및 조개류 오염. 오염원 파악 방법', IFREMER, 2023년 8월 17일.
(7) 'Paris gagné, Paris baigné, mais Paris inondé, puis Paris asséché ! 승리하는 파리, 수영하는 파리, 그러나 침수된 파리, 그리고 말라버린 파리!', <Les eaux glacées du calcul égoïste>, 2018년 5월 10일.
(8) 'Quand pourra t-on se baigner dans la Seine, la Loire, le Rhône…? 센강, 루아르강, 론강에서 언제쯤 수영을 할 수 있을까?', Le téléphone sonne, <France inter>, 2023년 8월 18일.

페터 바이스의 귀환

마리나 다 실바 ▎연극 평론가

『저항의 미학』(1)은 총 3권, 900페이지에 달하는 대하소설이다. 작가 페터 바이스(1916~1982)는 그의 인생 마지막 10년을 이 소설의 집필에 바쳤다. 이 작품에는 실존 인물과 가상 인물이 공존하는데, 화자인 '나'와 그의 부모는 가상 인물이다. 화자는 젊은 독일 노동자로 페터 바이스의 분신 격이다. 또한, 파시즘이 팽배했던 1937~1945년 시대에 실존했던 인물들도 등장한다.

페터 바이스는 파시즘이 부상했던 이 시대를 희망과 배신이 공존했던 시기인 1917년 소비에트 혁명과 스페인 내전 시대와 비교하며 질문을 던진다. 그는 역사가이자 철학가, 시인이자 예술가로서 이 시대를 살았다. 페터 바이스는 또한 화가이자 영화감독이었다. 자유로운 주체를 형성하는 데 있어 예술의 위치와 예술 작품의 미학 구성은 그에게 중요한 문제였다. 이 소설이 출판됐을 때 영향력은 대단했다. 오늘날, 이 작품의 광대한 서술에 도전한 독자는 드물 것이다.

페터 바이스는 독일 극작가 베르톨트 브레히트와 일하며 그의 영향을 받았다. 베르톨트 브레히트는 다큐멘터리 연극의 창시자로 알려져 있다. 페터 바이스의 주요 작품인 〈마라/사드〉,(2) 〈수사〉(3)는 오늘날까지 꾸준히 무대에 오르고 있다. 반면, 제목에서 그의 사상이 드러나는 작품들은 무대에 오르는 일이 드물다. 〈베트남 토론〉으로 알려진 〈베트남의 기나긴 해방 전쟁의 기원과 전개에 관한 토론. 압제자에 대한 군사 투쟁의 필요성과 혁명의 토대를 소멸시키려는 미국의 의지〉(4)와 〈루지타니나의 허수아비 노래〉(5)가 그런 작품들이다.

페터 바이스는 『저항의 미학』이 연극 무대에 오를 것이라고 상상할 수 있었을까? 이 야심차고 거대한 도전은 실뱅 크뢰즈보 감독의 빛나는 지혜 덕분에 가능했다. 그는 이미 마르크스의 『자본론』을 연극무대에 올린 적이 있

ⓒ 장 루이 페르난데스

으며(〈자본과 그의 원숭이〉, 2014), 도스토옙스키의 작품 중 일부분을 연극으로 연출한 적이 있다(〈대심문관〉, 2020, 〈카라마조프 가의 형제들〉, 2021). 자신의 기업 르생주(Le Singe) 소속 4명의 배우(부타이나 엘 페카, 블라디스라브 갈라드, 아르투르 이구알, 프레데리크 노아유)와 함께 해낸 것이다. 또한, 스트라스부르의 국립 연극 학교에 소속된 그룹47의 청년 배우들도 함께였다. 그들은 조나단 베네토 드 라프레리, 쥘리에트 비아레크, 야니스 뷔페라슈, 가브리엘 다마니, 아메자 엘 모마리, 하메자 엘 오마리, 제이드 에마뉘엘, 펠리페 폰세카 노브르, 샤를로트 이사리, 뱅상 파코드, 나이샤 랑드리아나솔로, 뤼시 룩셀, 토마스 스타코르스키, 마농 자르델까지 13명이다.

당시 세대를 보여주는 요소는 서사에 힘을 부여하며 무대를 탄탄하게 잡아주고 있다. 실뱅 감독은 무대 미술가 및 무대 의상, 무대 기술을 담당하는 학생들과 함께 훌륭한 무대를 연출했다. 장장 6시간의 연극을 3개 파트로 나누고, 휴식 시간까지 포함시켜 무대에 올린 것은 도박이라고 할 수 있다.

1장에서는 페터 바이스의 실루엣과 명언이 나오면서 주요 인물들을 소개한다. 우리는 1930년대 말 벌어진 토론의 현장에 와 있다. 화자 '나'와 베를린의 청년 공산주의 노동자들이 페르가몬 제단 앞에서 논쟁을 벌인다. 건축물의 아름다움이 이것을 세운 노예제도와 건축 과정에서 죽어간 이들의 희생을 정당화할 수 있는가? 노예들의 끔찍한 처지가 건축물의 미학을 훼손하는 것은 아닌가? 반(反)파시즘 전선을 구축하고, 노동자의 현실을 반영하고 공산주의 유토피아를 찬양하는 '프롤레타리아' '사회주의적 현실주의' 예술을 창조함으로써 나치 이데올로기에 맞서 싸워야 하지 않을까?

페터 바이스가 창조한 화자 '나'는 1917년생이다. 페터 바이스는 1916년 베를린에서 태어났다. 히틀러 정권이 들어서자 가족과 함께 망명했다(여기서 히틀러는 '작은 콧수염'이라고 언급된다). 런던을 거쳐 체코슬로바키아 그리고 스웨덴으로 갔다. 길고 고통스러운 여정이었다. 한편, 화자는 국제여단에 입대하고 독일-소련 조약에 반대하며 프랑스에서 '붉은 오케스트라' 멤버들을 만났다. 그리고 스웨덴에서 베르톨트 브레히트를 만난다.

2장은 베르톨트 브레히트가 쓰고 직접 연출했던 연극 〈어머니〉를 연상시킨다. 인형 속에 더 작은 인형이 들어있는 마트료시카 인형처럼, 액자형 연출방식을 선택했다. 그는 이 작품에서 아동들의 희생을 보여줌으로써, 성인들이 결코 전쟁의 책임을 벗어날 수 없으며, 전쟁으로는 얻을 것이 없음을 보여준다. 또한 화자는 "서방세계는 공산주의보다 파시즘을 선호한다"라는 것을 깨닫는다.

마지막 장에서는 스탈린주의가 이미 공산주의 혁명을 집어삼키고 있는 상황에서도 변화된 공산주의를 통해 희망을 찾을 수 있음을 보여준다. 이 장에서는 1943년부터 1945년까지 유대인, 반(反)파시스트, 그리고 모든 기피 인물들이 강제수용 당한다. 또 대규모 범죄에 무감각해진 이들에게 맞서는 레지스탕스들의 신념을 보여준다. 그리고 패배한 도시와 사람들에게 가해진 동맹국의 폭격으로 어떤 참극이 벌어졌는지 숨김없이 이야기한다.

단계마다 화자는 정치적 상황과 그가 길을 가면서 마주치는 예술 작품들을 분석한다. 피카소의 〈게르니카〉, 피터르 브뤼헐의 〈영아 학살〉, 제리코의 〈메두사호의 뗏목〉, 단테의 〈신곡〉 등인데 이를 통해 "절대 세상을 오해해서는 안 된다는 사실을 상기시킨다."

배우들의 잘 짜여진 연기가 엄청난 비극 속에서 빛나는 숭고함을 부각시킨 이 연극은, 많은 관객들을 매료시킬 것이다. [lb]

글·마리나 다 실바 Marina da Silva
연극 평론가

번역·이정민
번역위원

(1) Éliane Kaufholz-Messmer 번역, Klincksieck, Paris, 1989-1992, 3권, 2017.
(2) Jean Baudrillard 번역, 연극, Le Seuil, 1965, Peter Brook 감독, 영화, 1967.
(3) Jean Baudrillard 번역, 연극(오라토리오 11곡), Seuil, 1966.
(4),(5) Jean Baudrillard 번역, 연극, Seuil, 1968.

1979.12.12 그날 밤 철저히 감춰진 9시간

Dolby Atmos

황정민 정우성 이성민 박해준 김성균 감독 김성수

2023.11.22

〈정이〉에서 〈서울의 봄〉으로

의식의 흐름대로 '영화 잇기' 중이다. 〈더 문〉(김용화, 2023)에서 시작해 〈더 문〉(던칸 존스, 2009), 〈베리드〉(로드리고 코르테스, 2010), 〈정이〉(연상호, 2022) 다음으로 이어지는 영화는 지난해 11월 22일에 개봉해, 성탄 연휴에 천만 관객을 돌파한 김성수 감독의 〈서울의 봄〉(2023)이다.

송영애 ▮영화평론가

순응과 대항

　〈정이〉를 보며 〈서울의 봄〉이 떠오른 것은, 다름 아닌 '인물' 때문이다. 〈정이〉가 아무도 모르는 2194년 가상의 미래를 담았다면 〈서울의 봄〉은 널리 알려진 1979년 실제 과거를 담아냈는데, 두 영화 모두 대세를 거스른 인물의 이야기다. 순응, 복종, 대항, 항명, 외면, 방관 등이 난무하는 상황에서 외로워도 용감하게 대항했던 그

들에 대해 이야기하고 싶다. 사실, '홀로 용감히 싸우는 인물'은 장편 극영화에서 종종 등장하는 캐릭터다. 크고 작은 역경이나 위기를 극복하는 과정이 담기는 경우가 많다 보니, 주인공의 고군분투가 처음에는 다른 이들에게 인정받지 못하는 경우가 많다. 상황이야 천차만별이지만, 관객은 그들 편에서 함께 울고 웃으며, 안타까워하고 또 기뻐하게 된다.

　〈정이〉와 〈서울의 봄〉. 두 작품의 시대적 배경과 장

<정이>에서 정이

르는 매우 다르지만, 두 이야기의 주인공은 각각 거대한 힘 앞에 맞선다. <정이>는 미래를 배경으로 했기에 저런 일에 어찌 대비해야 할지 걱정하게 되고, <서울의 봄>은 이미 결론을 아는 과거를 배경으로 했기에 더욱 안타까움을 자아낸다.

<정이>에서 정이(김현주)는 딸 서현의 수술비를 벌기 위해 기꺼이 용병이 됐다. 그러나 서현이 수술받는 동안 전투에서 식물인간이 되고 만다. 수술로 살아남은 어린 서현은 엄마의 뇌 정보를 기업 크로노이드에 양도한 대가로 교육과 지원을 받으며 성장한다. 현재 서현(강수연)은 크로노이드 기업의 '정이 프로젝트' 팀장으로서, 그런 모든 상황에 순응 중이다.

<서울의 봄>에서 군사 반란으로 명명된 1979년 12월 12일 군사 움직임이 시작되기 전까지, 적어도 겉으로는 나름의 질서를 유지하는 중이다. 사조직을 만들고, 요직을 차지하려는 시도 등이 펼쳐지긴 하지만, 10.26 사건 이후 당시 법에 모두 복종하고 상황이 통제되는 것으로 보인다.

그런데 변화가 생긴다. <정이>에서 서현은 자신이 오래 살지 못한다는 사실을 알게 된다. 뇌 정보 이식 수준에 따라 권리와 의미가 매우 다르지만, 생명 연장 방법 선택을 제안받았다. 결국 자신의 엄마 정이가 했던 선택을 제안받은 셈이다. 과연 어찌해야 할까? 서현은 순응해왔던 체제에 대항하기 시작한다.

<서울의 봄>에서는 1979년 12월 12일의 해가 떴다. 보안사령관 전두광(황정민)을 위시한 하나회 소속 군인들은 육군참모총장 체포를 위해 외형적 절차를 지키겠다고 한다. 수도경비사령관 이태신(정우성)을 위시한 진압군 세력이 나선다. 반란군과 진압군의 대결 속에서, 복종과 항명이 뒤섞인다. 반란으로 인해 대한민국 군인으로서의 서약은 깨졌지만, 반란군 내 순응과 복종은 강화된다. 그리고 진압군 내 상명하복은 오히려 제대로 작동하지 못한다. 반란군은 스스로 '대세'라 칭하며, 회유와 협박, 설득을 시도한다. 순응과 복종, 대항을 오가는 밀고 당기는 세 대결 속에 점차 반란군은 규모를 키우고, 진압군은 쪼그라든다.

내가 만약 저 상황에 있었다면, 순응하는 쪽일까? 대항하는 쪽일까? 혹은 외면하는 쪽일까? <정이>에서 서현의 팀원이라면? <서울의 봄>에서 이태신과 전두광의 전화를 모두 받은 사람이라면? 대세라고 판단되는 쪽, 즉 힘을 따를까? 아니면 옳다고 판단되는 쪽, 즉 정의를 따를까? 혹시 내가 선택할 쪽이 소수일지라도 용기를 낼 수 있을까? 선뜻 답하기 쉽지 않은 문제다.

선택

앞에서는 <정이>와 <서울의 봄>에서 발견되는 순응과 대항 상황에 관해 이야기했다. 이제, 선택에 관해 이야기하고 싶다. 순응하든 대항하든, 혹은 외면하든 모든 것은 결국 선택의 문제이니 말이다.

<서울의 봄>은 1979년 12월 12일 밤 9시간 동안 일어난 수많은 선택의 순간을 담아낸다. 반란군에 가담하느냐 마느냐는 선택부터 상부의 지시대로 저 문을 여느냐, 열지 않느냐 등 선택의 상황은 끊임없이 이어진

다. 선택을 강요받는 사람도 많고, 기꺼이 선택하는 사람도 있다. '예'와 '아니오' 중 한쪽을 선택하기 위한 고민이 이어진다.

〈정이〉의 서현과 〈서울의 봄〉의 이태신이 소신에 따라 선택하고 행동하는 반면, 선택의 기회조차 없이 순응과 복종을 강요당하는 이들이 있다. 〈정이〉에서 로봇인 정이와 상훈은 자신이 로봇이라는 사실조차 모른다. 정이는 실험용 시뮬레이션 전투를 실제 전투라 여기며 참전해 부상당하고 폐기된다. 그러면 또 다른 로봇 정이가 시뮬레이션 전투에 투입되고, 참전-부상-폐기가 무한 반복된다. 서현의 상사인 상훈은 팀원들에게는 잔혹하고, 회장에게는 과잉 충성한다.

〈서울의 봄〉에서도 사실상 선택의 여지가 없었던 병사들이 나온다. 그들은 상부의 선택으로 인해 반란군혹은 진압군이 된다. 게다가 '밀당' 중인 상부로 인해 명령도 이랬다, 저랬다 한다. 어느 명령에 복종해야 할까? 그 와중에 안타까운 죽음도 발생한다.

문득 궁금해진다. 나는 저 상황이라면 어떤 선택을할까? 내가 만약 반란에 참여하라는 혹은 최소한 외면하라는 회유 전화를 받았다면 받아들이겠는가? 내가 만약아군에게 총을 겨누라는 명령을 받았다면? 나에게 선택의 기준이란 무엇이겠는가? 게다가 내게 선택의 기회조차 주어지지 않는다면 어찌하겠는가?

훗날 '군사 반란'이라고 명명된 일이지만, 12.12 직후 꽤 오랜 시간 반란군이 집권 세력이었고, 현재도 그세력이 완전히 사라진 건 아니지 않는가? 먼저 법과 원칙이라는 이름으로 사전에 약속한 매뉴얼이 얼마나 견고하고 정당하냐를 생각할 필요가 있다. 만약 문제가 있다고 생각한다면, (악법도 법이라는 말도 있다지만,) 자신의 원칙과 소신을 얼마나 용감하게 지킬 수 있느냐의 문제일 것이다. 물론 각각의 원칙과 소신이 모두 같지는 않을 테니, 얼마나 설득하고 설득당하느냐의 문제가 남긴 한다.

올 한해 내가 했던 수많은 크고 작은 선택에 대해 생각해 보고 싶다. 특히 그 선택의 기준, 이유는 무엇이었는지, 과연 훗날 후회하진 않겠는지. 미래를 예측할 수

는 없으니, 모든 선택을 만족하게 되진 않겠지만, 선택의 순간 치열하게 고민한 나름의 기준이 있다면 덜 후회하지 않을까? 그리고 하나 더 생각해 보고 싶다. 나에겐 매순간 선택의 기회가 제대로 주어졌는가? 그리고 나 역시누군가에게 그 선택의 기회를 줬는가?

참 많은 생각과 고민을 던지는 영화 〈정이〉와 〈서울의 봄〉이다. 〈서울의 봄〉은 관객 1천만을 돌파했다. 아마도 이 영화 관람을 선택한 사람 중 상당수는 나름의 지점에서 검색과 고민, 생각 중일 것 같다. 충분히 찾아보고, 고민하면 좋겠다. 영화의 여러 영향력 중 하나인데, 마음껏 누리는 것도 관객의 특권이니 말이다.

〈더 문〉(김용화, 2023)에서 시작한 '영화 잇기'는 〈서울의 봄〉으로 끝낼까 한다. 중간에 예전 영화들을 몇돌아봤지만, 시작과 끝은 올해 개봉 영화였다. 내용이나형식적인 면에서 다른 영화지만, 두 영화 모두 한국영화계가 해낸 과감한 선택의 결과라 할 수 있다. 우리 영화는 현재와 더불어 과거와 미래를 모두 담아내고 있다. 〈더 문〉을 통해 가까운 미래 달 탐사를 목격했고, 〈서울의 봄〉을 통해 과거 12.12 군사 반란도 목격했다. 영화적상상력과 그 상상을 시청각화할 능력을 갖춘 한국영화의 다양한 작품을 앞으로도 기대한다. **ID**

글·송영애
영화평론가. 서일대학교 영화방송공연예술학과 교수. 한국영화 역사와 문화, 교육 관련 연구를 지속해 왔다.

멜리사 루카셴코『까마귀와 대화하는 여자』(영어 원서, 2023년)

까칠하지만 생기 넘치는 사람들

위베르 프로롱고 ▍기자, 작가

"**내** 가족들은, 살면서 한 번은 이 책에 나온 폭력에 시달린 적이 있다."

멜리사 루카셴코는 책 초반부에 이렇게 털어놓는다. 그리고는 "이 책의 내용은 역사적 사료나 아보리진(Aborigène, 호주 원주민-역주)의 민담에서 따온 것"이라 덧붙인다. 일례로, 작가의 고조할머니 이야기가 있다. 1907년 자신을 겁탈하려던 남자에게 총을 쏜 혐의로 체포된 고조할머니는, 비록 '몸을 파는 원주민'이었지만 그 남자를 죽이지 못한 걸 후회했다.

멜리사 루카셴코는 1967년에 태어났다. 어머니는 호주 동부 해안의 뉴사우스웨일즈주 분자룽족 출신이고, 아버지는 유럽 출신이다. 이 책에 등장하는 폭력 사건들은 작가와 가족은 물론, 주인공의 삶에 영향을 미쳤을 것이다. 주인공인 케리 솔터는 반항적인 폭주족 여성으로, 강도 사건 가담 혐의를 받고 있으며 그녀의 애인은 감옥에 갇혀있다. 케리는 훔친 할리데이비슨을 타고 죽어가는 할아버지를 찾아 고향인 두룽고 마을로 향한다. 그리고는 고향 땅에 감옥이 들어설 계획임을 알고 반대 투쟁을 하다가, 복잡한 집안 문제와 얽히게 된다.

이 줄거리만 보면, 호주 원주민 버전의 〈노마 레이(Norma Rae)〉(1)라고 할 수 있다. 쩌렁쩌렁한 케리의 목소리에는 생동감 넘치는 에너지와 블랙 유머가 들어있다. 카드 점을 치는 어머니, 알코올 중독자인 아버지, 밉상인 할아버지… 등장인물들을 보면 에토레 스콜라 감독이 로마 빈민가를 배경으로 만든 이탈리아 영화, 〈추하고 더럽고 사악한 사람들〉(1976)을 연상시킨다. 예상 밖의 전개와 배신, 사라졌다 다시 나타나는 환영들,

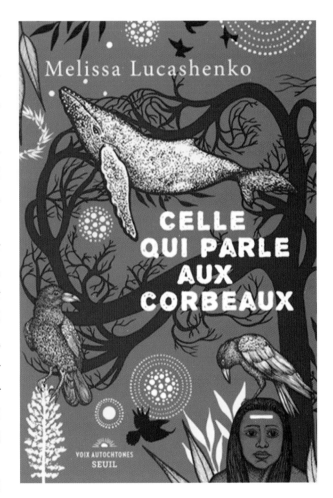

가족의 비밀과 활기찬 열정 등이 담겨있다.

케리의 할아버지는 1950년대 호주 원주민 동화정책에 따라, 케리가 어릴 때 원래의 가족과 격리해 강제로 백인 가정에 입양 보냈다. 작가는 이런 인종차별주의적 정책을 딱히 비판하지도, 두둔하지도 않는다. 다만, 등장인물들이 자기 성격에 따라 말하고 행동하게끔 내버려 둘 뿐이다. 이 책에는 은어와 번역되지 않은 분자룽족 언

어가 생생하게 묻어있다. 이렇듯 구어체에 가까운 직설적인 문체로 쓰여진 이 책을 넘기다 보면, 끝이 보이지 않게 펼쳐진 풍경과 알 수 없는 위험이 도사리는 덤불숲의 흔들림을 느낄 수 있다.

호주의 권위 있는 문학상인 마일스 프랭클린(Miles Franklin) 문학상 2019년 수상작인 이 소설은 루카셴코의 여섯 번째 작품으로 프랑스어로 번역된 첫 작품이다. 쇠이유(Seuil) 출판사가 '선주민(Peuples premiers)' 출신 작가들의 소설을 알릴 목적으로 만든 새로운 전집 『원주민의 목소리(Voix autochotones)』의 수록작이기도 하다. 유엔은 백인에게 땅을 빼앗긴 원주민들을 '선주민'이라고 정의하고 있다. 그 선주민들이 이제 목소리를 내기 시작한 것이다. 그리고 그들의 목소리를 이 책에서 생생하게 들려주고 있다. 그밖에, 프랑스에서 선주민 관련 책들을 활발하게 내고 있는 출판사로는 레 제디시옹 데 페이자주(les éditions Dépaysage)가 있다. **ld**

글·위베르 프로롱고 Hubert Prolongeau
기자, 작가

번역·송아리
번역위원

(1) 마틴 리트 감독의 영화(1979). 대표적인 미국 사회문제 영화로 종종 간주됨.

르몽드 디플로마티크 구독 안내

정가 1만 5,000원	1년 10% 할인	2년 15% 할인	3년 20% 할인
종이	1̶8̶만̶원̶ 16만 2,000원	3̶6̶만̶원̶ 30만 6,000원	5̶4̶만̶원̶ 43만 2,000원
	1년 13만원	2년 25만원	3년 34만원
온라인	1개월 2만원, 1주일 1만 5,000원 * 온라인 구독 시 구독기간 중에 창간호부터 모든 기사를 보실 수 있습니다. * 1주일 및 1개월 온라인 구독은 결제 후 환불이 불가합니다(기간 변경 및 연장은 가능)		
계좌 안내	신한은행 140-008-223669 ㈜르몽드코리아 계좌 입금 시 계좌 입금 내역 사진과 함께 〈르몽드 코리아〉 본사에 문의를 남겨주시거나, 전화/메일을 통해 구독 신청을 해주셔야 구독 신청이 완료됩니다.		

계간지 구독 안내

	낱권	1년	2년
마니에르 드 부아르	1만 8,000원	7̶만̶원̶ ̶2̶,̶0̶0̶0̶원̶ ⇨ 6만 5,000원	1̶4̶만̶원̶ ̶4̶,̶0̶0̶0̶원̶ ⇨ 12만 2,400원
		계좌 : 신한은행 100-034-216204 계좌 입금 시 계좌 입금 내역 사진과 함께 〈르몽드 코리아〉 본사에 문의를 남겨주시거나, 전화/메일을 통해 구독 신청을 해주셔야 구독 신청이 완료됩니다.	
크리티크 M		낱권 1만 6,500원 계좌 : 신한은행 140-011-792362 계좌 입금 시 계좌 입금 내역 사진과 함께 〈르몽드 코리아〉 본사에 문의를 남겨주시거나, 전화/메일을 통해 구독 신청을 해주셔야 구독 신청이 완료됩니다.	

1월의 〈르몽드 디플로마티크〉 추천도서

〈마니에르 드 부아르〉 14호 『추리소설의 뤼미에르』
마니에르 드 부아르 편집진 지음

추리소설을 즐겨 읽는 사람이라면, 한 번은 멋진 탐정을 꿈꿔봤을 것이다. 만일 내가 명탐정이라면, 어느 누구도 해결하지 못하는 미제 사건의 실마리를 찾아낼 수 있을 것이라고 상상의 나래를 펼치면서 말이다.

막대한 정보력과 물리력을 갖춘 국가권력은 만능 해결사처럼 보이지만, 정보의 독점이나 무능으로 인해 사건의 진실을 어지럽히기 십상이다. 우리가 경험한 바로는 국가권력은 스스로 범법행위의 당사자로서 진실을 왜곡시키기도 하고, 때론 범법행위자들의 긴밀한 공모자로서 진실규명을 위해 일하는 이들의 노력을 무산시키기도 한다.

이렇게 국가 공권력이 무력한 상황에서 피해자들이 은밀하게 찾아가는 곳이 사설탐정이다(우리나라에서는 사설탐정 도입을 놓고 논의만 몇 년째 진행 중이다). 탐정소설에서 비상한 추리력과 돌파력을 갖춘 사설탐정이 아무리 어려운 사건이라도 멋지게 해결하는 대목을 읽으면, 무릎을 치며 감탄하게 된

다. 추리문학은 흔히 미스터리문학이나 범죄문학이라고도 한다. 추리문학은 프랑스에서는 흔히 '폴라르'(Polar)라고 통칭되고, 영미권에서는 '탐정 픽션'(Detective Fiction)이나 '탐정소설(Detective Novel)'로 불린다.

흔히 에드거 앨런 포우의 작품 『모르그 가의 살인 사건』이 추리소설의 출발로 평가되며, 추리문학이 하나의 장르로 정립된 것은 아서 코난 도일의 '셜록 홈즈' 시리즈부터라고 한다. 다만, '추리'라는 인간의 사고가 인간의 역사만큼 오래 존재해왔다는 사실에 비추어 추리 내용이 가득한 소포클래스의 『오이디푸스 왕』이 추리문학의 원조라는 의견도 있다. 오이디푸스가 추리를 통해 자신의 출생 비밀을 파헤치는 구성이 추리문학과 다르지 않기 때문이다.

초창기 영미권 탐정소설은 급격한 도시화가 초래한 사회 치안의 불안 속에 경찰도 손을 못 대는 복잡미묘한 사건을 놀라운 추리력으로 해결하는 슈퍼히어로로 같은 탐정을 주인공으로 내세웠다. 단편 중심의 에피소드로 시작했다가 1920년을 전후로 장편 추리소설들이 속속 발간됐다. 특히 애거서 크리스티, 반 다인, 엘러리 퀸 등을 선두주자로 하는 장편 걸작들이 다수 등장하면서 붐을 일으켰다. 그러나 근현대 사법체계가 빠르게 자리를 잡고 과학기술이 발전하면서 사립 탐정들의 '초현실적' 추리력에 현실성 결여의 비판이 일고, 이후 탐정소설은 스파이 소설이나 CSI 등 보다 논리적인 '전문가형 소설'로 진화돼 왔다. 하지만 평론가들 사이에 추리소설이 기존의 독창성을 잃으며 문학장르로서의 정통 추리문학이 쇠퇴하는 게 아니냐는 우려도 일고 있다.

추리문학에서 가장 중요한 것은 역시 추리력과 그를 지탱하는 논리력이다. 하지만 명징한 과학성이 지나치게 요구되면, 상상력과 창의력이 무뎌질 수 있을 것이다. 만약에 추리소설이 의학처방전이나 정보통신 설명서, 판결문처럼 논리적 문제로만 구성된다면 얼마나 무미건조하고 답답할까? 하지만 이런 류의 추리소설이 복잡한 현대를 살아야 하는 독자들의 취향이라면? 추리문학의 '화려한' 변신에 비평을 할 수 있을지언정 비판을 가하긴 곤란할 것이다.

출판업계의 불황 속에서도, 추리문학의 인기는 여전하다. 이번 〈마니에르 드 부아르〉 14호의 『추리소설의 뤼미에르』 편에서는 세계적인 평론가들이 추리문학의 매력과 가치, 현실 속 범죄와 추리문학의 조합, 국가권력의 횡포에 대한 추리문학의 기록에 관한 글을 기고한다. 추리문학의 도발성에 매혹되기를 원하는 이들, 삶의 무미건조함과 삭막함에 염증을 느끼는 이들에게 일독을 권한다.

『민주화에서 통일까지
: 김종채의 학문적 구도와 실천적 삶』
김종채 지음 | 르몽드 코리아

서울대 사회대평론 편집실에서 김종채 박사의 작고 1주기를 맞이해, 그의 사회적 평론과 개인적 기록, 추모의 글들을 담은 유고집이다. 한국사회 내부의 문제부터 환경과 평화라는 지구촌 전체의 문제까지 고민하면서, 사회의 진보적 변화를 끊임없이 모색했던 김종채 박사의 삶은 쉼 없는 학문적 정진과 실천적 행동의 기억으로 우리 곁에 남아 있다.

『다정한 내가 좋다』
원은정 외 2인 지음 | 착한책가게

영화 속 이야기와 함께 인문학적 질문을 건네며 '나'에 대해 탐구하고, 함께한다는 것의 의미를 알려주는 책이다. 존중, 공감, 인권 등을 주제로 영화 주인공이 펼치는 모험과 성장 이야기를 들려준다. 이를 통해 유년기에 가질 법한 호기심과 다양한 질문을 끌어내고, 자신만의 질문과 답을 찾아가도록 한다.

〈녹색평론〉 2023년 겨울호
녹색평론 편집부 지음

세계 도처에서 끊이지 않는 전쟁과 분쟁에 대해, 산업자본주의에 내재된 식민주의-제국주의의 관점에서 조망했다. 적극적 평화, 진정한 평화를 희구하며 전쟁의 부조리와 고통을 기록해온 노벨상 수상작가 스베틀라나 알렉시예비치가 전해주는 메시지를 전달한다.

『학습하는 직업』
유재연 지음 | 마음산책

AI 업계의 현실을 알려주면서도 희망을 주는 책. 사회적 기업에 주로 투자하는 벤처 캐피털 '옐로우독'에서 AI 분야 파트너로 일하는 유재연 저자의 첫 산문집이다. AI에 대한 사회적 관심이 급격히 높아진 가운데, 저자는 AI 기술을 성실히 탐구하면서 '선한' 활용의 가능성을 찾아간다.

서울의 봄을 빼앗은 사람들 _ 관련기사 107, 116면

CORÉE

한반도

빛바랜
푸른색

청년들이여, 이번엔 눈 뜨고 코 베이지 말자

성일권 ▮ 〈르몽드 디플로마티크〉 한국어판 발행인

정치에 혐오감이 큰 청년층이 다시 돌아올 수 있을까? 2030세대의 무당층 비율이 높아지는 가운데, 양당체제를 비판하며 등장한 제3지대 2개 정당이 힘을 합쳐 새로운 정치를 표방하고 나섰다. 한국의 고질적인 정파 정치를 청산하고, 여도 야도 아니고 좌도 우도 아니며 보수도 진보도 아닌, '제대로 된 정치'를 하겠다는 제3의 정치세력이 '새로운선택-세번째권력'이라는 이름으로 유권자들에게 선택을 받겠다고 나선 것.

주목할 만한 것은 보수 야당의 가장 보수적인 인물이 만든 '새로운선택'과 진보적인 정의당의 간판 인물들이 만든 '세번째권력'이 뜻을 같이해, '새로운선택-새로운권력'을 공동 창당을 선언했다는 점에서 놀랍다. 특히 류호정이 보수 인사와 신당을 창당하기로 하자 정의당 당직자들과 당원은 자칫 진보정당의 맥이 끊길까 하는 우려와 충격에 빠져 있다.

지난해 12월 17일 창당대회에 등장한 인물들의 면면을 들여다보면, 모자이크된 정치적 스펙트럼이 워낙 넓어 그들의 '정치적 지향점'이 어디로 향할지 가늠하기 어렵다. 새로운선택-세번째권력의 공동대표로 나선 금태섭은 더불어민주당의 대변인과 원내부대표 출신으로 평소 민주당에 '내부총질'도 종종 하고, 국민의힘 인사들과도 스킨십을 마다하지 않는 탈정파적 면모를 보여왔다. 조성주는 통합진보당원으로 정계에 입문해 민주노동당의 최순영 의원 보좌관을 거쳐, 2022년 제20대 대선에서 정의당 심상정 후보의 종합상황실장을 보냈으며 정의당의 외연 확대를 위해 제3지대 확장을 주장해왔다 (사족이지만, 같은 해 그가 정의당 간판을 달고 필자가 사는 마포구의 구청장 후보로 나섰을 때 필자는 진심으로 그의 '진보성' 실현을 기원했다).

여기에 진보당 출신의 젊은 여성 정치인 류호정이 가세해 정당의 '꼰대' 이미지를 탈색했다. 그리고 입당은 아직 미정이지만 문재인 전 더불어민주당 대표의 영입인재로 정치에 입문했으면서도 반노조 발언 등 보수적 성향을 보여온 전 의원 양향자와, 최근 노골적인 비(非)재명계(이재명을 반대하는 정치세력)로서 민주당을 탈당한 무소속의원 이상민, 그리고 군사정권 시절에 보건사회부 장관을 지낸 뒤 국회의원을 5번이나, 그것도 모두 비례대표로 지낸 불사의 정치인 김종인을 초빙해 당의 안정적인 이미지를 완성시키려는 전략이 아닌가 싶다.

특히 정치 9단 김종인은 더불어민주당과 국민의 힘이라는 거대 양당 모두에서 비상대책위원장으로 활동하며, 각 정당의 이미지를 살려 승리를 이끌어냈다는 점에서 이미 그의 역할 여부가 언론의 초미의 관심사가 되고 있다. 여기에 관록의 정치인 나경원을 물리친 국민의힘 초대 당대표로서 윤석열 정권 탄생의 '1등 공신'이 된 이준석이 축하 게스트로 참석해, 신당은 나름 모양새를 갖췄다. 이들의 나이와 성별, 출신 지역도 세밀하게 의도한 듯 적절히 안배된 모습이다. 금태섭과 조성주는 서울과 인천, 류호정은 경남 창원, 그리고 참여 여부가 불투명한 양향자는 광주, 이상민은 대전, 김종인은 전북, 그리고 이준석은 서울이어서 지역 대표성을 가늠해볼 만하다.

연령대도 30대부터 80대까지 망라돼 세대 대표성까지 엿보인다(류호정 1992년생, 이준석 85년생, 조성주 78년생, 이상민 58년생, 금태섭 67년생, 양향자 67년생, 김종인 40년생). 기념사진 속의 이들은 오른손 주먹을 불끈 쥔 채 환한 미소를 지으며 다가올 총선에서 승리를 다짐했다. 나이, 출신, 성별, 배경 모두 다른 이들에게는 단 하나 공통점이 있다. 바로, 자신들이 한때 열렬히 지지하며 몸담았던 정당과 불편한 관계에 놓여있다는 것이다.

금태섭, 조성주 새로운선택 공동대표 및 참석자들이 17일 오후 서울 여의도 국회 의원회관에서 열린 새로운선택-세번째권력 공동창당대회에서 기념촬영을 하고 있다. 왼쪽 두번째부터 이준석 전 국민의힘 대표, 김종인 전 비대위원장, 금태섭, 조성주 새로운선택 공동대표, 양향자 한국의희망 대표, 류호정 정의당 의원. 2023년 12월 17일/뉴스1

새로운선택-세번째권력은 아직 정강(政綱)을 공식적으로 밝히지 않았지만, 청년층 확보에 주력할 것으로 보인다. 금태섭 전 민주당 의원의 '새로운선택'은 격주로 금요일마다 '치맥 정치토론회'를 개최하며 청년층과의 접점을 늘리고 있고, 조성주와 류호정이 각각 공동운영위원장으로 활동 중인 '세번째권력'도 정의당 내 청년층을 중심으로 외연을 확대하고자 만든 의견 그룹이다. 하지만 조성주와 류호정은 정의당 집행부와 당원들로부터 탈당압력을 받고 있어, 청년층의 호응이 지속될 것인지 의문이다. 양향자의 '한국의희망'은 정치학교를 설립하며 당에서 활동할 청년 정치인을 모집하고 있다. '새로운선택'은 공천 과정에서 일부 청년들을 기용하는 것을 넘어 청년이 당의 의사 결정에 적극 참여할 수 있는 구조를 만들겠다고 한다.

평론가들은 검사들을 요직에 총동원한 '막가파식' 검객(檢客) 정권에 불안함을 느껴온 유권자들과 당권 경쟁 속에 친이재명이냐, 친이낙연이냐의 논란에 대한 염증을 가져온 유권자들이 제3의 정당에 관심을 가질 가능성은 있다고 본다. 다만, 당의 운명은 무당파가 많은 청년층의 관심을 어떻게 이끌어낼지에 달렸다고 한다. 금태섭은 "4월 총선에서 30석을 얻어 한국 정치를 근본적으로 바꾸는 교두보를 확보하겠다"라는 포부를 밝혔다. 특히 "2027년 대선에서는 집권에 도전하고, 2032년까지

개헌을 통해 대한민국의 새로운 시스템을 마련하겠다"라며, "소위 87년 체제, 승자독식의 제왕적 대통령제를 뜯어고치지 못한다면 우리 정치는 이제 한 발자국도 더 나아가지 못한다. 개헌을 통해 내각책임제를 도입해야 한다"고 덧붙였다.

정의당을 탈당한 조성주 공동대표는 "현 정부 들어 민주화 이후 가장 많은 거부권과 탄핵이 시행됐다"라며, "팬덤과 비토만 남은 양당 정치는 저성장 시대 혁신과 번영, 불평등과 차별, 기후위기 등 절박한 시민 삶의 문제에 관심을 가지지 않는다"라고 말했다. 이어 그는 정의당 측의 비판적 시각을 의식, "정치가가 자기 진영과 정당에서 다른 목소리를 내는 것은 결코 배신의 정치가 아니다. 합리적 진보도, 개혁적 보수도 함께 희망을 만들어가야 한다"라고 강조했다. 병역 성평등 등을 제안한 그는 청년주택기금 조성, 사교육 준공영제 운영 등을 목표로 내걸었다.

이날 행사에는 김종인, 이준석, 이상민, 양향자 등도 제3정당의 창당의의를 피력했고, 민주당 분당설의 중심에 있는 민주당 전대표 이낙연도 영상축사를 통해 "새로운선택과 세번째권력의 도전과 문제의식을 이해한다. 충정에 공감한다"라고 전해 묘한 분위기를 자아냈다.

청년이 대한민국을 이끌어 나가야 할 중요한 존재라는 점은 누구나 동의할 것이다.

참석자들은 양당 정치의 폐해와 제3정당의 필요성을 강조했지만, 누구를 그리고 무엇을 위한 정치적 도전인지는 분명하게 밝히지 않았다. 청년층의 정치적 냉소와 혐오가 날로 점증하는 상황에서 새로운 정치를 부르짖는 '모자이크' 정당이 어떻게 청년층의 마음을 사로잡을지 궁금해진다. 무엇보다도 청년 정치인 류호정이 진보정치를 포기하고 보수세력과 손을 잡은 것에 대한 청년들의 냉소적 시각을 어떻게 극복하느냐가 관건이다.

21대 대선에 이어, 22대 대선에서도 청년층의 지지를 이끌어 현 정권의 탄생에 지대한 역할을 한 젊은 정치인 이준석에게 기대를 걸만하지만, 아직 그는 자신의 선택을 유보 중이다. 대권의 꿈을 크게 꾸는 이준석에게 새로운선택–세번째권력이 어떤 의미가 될지는 알 수 없으나, 서로 다른 경륜과 여정을 지닌 정치세력들이 화학적 융합을 하기란 쉽지 않을 것으로 보인다.

거대 양당에 늘 속고 당해온 청년들이 새로운 정치를 표방한 제3의 정치세력의 출현 앞에서 과연 자신들의 목소리를 어떻게 낼 지 자못 궁금하다. 또한 이번에는 정치권이 청년들의 고통을 덜어주고 꿈을 키워줄지, 아니면 여느 때처럼 청년들을 쓰고 버릴지 지켜볼 일이다.

청년들이여, 두 눈을 부릅뜨자! 더 이상 코 베이지 말자. **LD**

글·성일권
<르몽드 디플로마티크> 한국어판 발행인

청년들은 왜 분노할 힘을 잃었는가?

김태형 ▌심리학자

일부 기성세대들은 오늘날의 청년들을 공동체나 정의에 무관심한, 이기적이고 비겁한 세대라고 비판한다. 조국 전 장관 사건에 대해서는 상당한 분노를 표출한 반면, 곽상도 아들의 50억 원 퇴직금 건에는 침묵했던 것 등을 거론하며 청년들이 그들의 삶을 피폐하게 만드는 사회구조적 부조리나 거악에는 분노하거나 저항하지 못하고 자잘한 문제에만 분노한다고 개탄한다. 그리고는 "내가 젊었을 때는 저렇지 않았다"라는, 다소 꼰대스러운 자랑을 덧붙이기도 한다. 청년들은 왜 분노하지 않는(못하는) 것일까?

고립을 강요당한 청년들의 삶

그 가장 큰 원인은 청년들이 고립된 삶을 강요당했다는 것에 있다. 기성세대는 어려서부터 이런저런 공동체 속에서 생활해왔고, 그 과정에서 공동체의 소중함을 경험했다. 그들은 어렸을 때는 또래들과의 놀이 공동체, 청소년기에는 학교 공동체, 성인기부터는 마을 공동체(1)나 직장 공동체 속에서 생활했다. 물론 기성세대도 90년대 이후부터는 개인적 고립을 강요당했지만, 적어도 이들에게는 공동체에 대한 긍정적인 기억이나 경험이 있다. 그렇기에 사회나 공동체에 대한 애정이 있으며 필자가 『한국인의 마음속엔 우리가 있다』(2)라는 저서에서 강조한 '우리주의 심리'가 강한 편이다.

반면에 청년들은 어려서부터 성인이 될 때까지 공동체 생활을 해본 경험이 거의 없다. 그들은 어렸을 때에는 놀이 공동체를 경험하지 못했고, 청소년기에는 학교 공동체는 고사하고 왕따를 경험 또는 목격한 경우가 많았으며, 성인이 돼서는 치열한 개인 간 경쟁이 벌어지는 약육강식의 세상에 내던져졌다. 건강한 공동체에 대한 기억이나 경험이 거의 없는 청년들은 공동체(사회)에 대한 관심이나 애정이 미약한 반면, 개인주의 심리는 강한 편이다.

개인적 고립 속에서 성장했고, 성장 후에도 고립된 상태로 살아가고 있는 청년들은 외로움이나 고독은 물론이고 지독한 무력감을 떨쳐낼 수 없다. 인간이 위대하고 강한 것, 즉 인간이 세상을 변혁할 힘은 나 혼자가 아니라 '우리'일 때 생긴다. 즉 인간의 힘이란 곧 '우리', '공동체'의 힘인 것이다. 우리라는 집단이나 공동체를 이루지 못하고 홀로 고립돼 살아가는 개인은 겁이 많고 나약하며 무력할 수밖에 없다. 고립된 개인은 거악이나 사회에 맞서 싸우겠다는 생각을 할 수 없으며 그런 것이 가능하다고 믿지도 못한다. 개인이 할 수 있는 최선이란 각자도생의 길에서 죽을힘을 다해 살아남는 것, 나아가 출세하는 것뿐이기 때문이다.

결론적으로 오늘날의 청년들은 어려서부터 개인주의 심리나 심한 무력감에 지배당하며 살아왔고, 현재에도 개인으로 고립돼 있다. 그렇기 때문에 세상이 엉망진창이라는 것을 알고는 있음에도, 세상을 향해 분노하지 못하고 세상을 바꾸겠다는 꿈도 꾸지 못한다. 그 결과 그들의 분노는 거악이나 사회가 아니라, 힘없고 약한 대상 혹은 자신에게 상처나 고통을 줬던 개별적 타인을 향한다.

청년들이야말로 정의를 갈망한다

필자는 신자유주의가 한국 사회에 남긴 가장 심각한 악영향 혹은 후유증이 '인간관계와 공동체를 파괴한 것'이라고 반복적으로 강조해왔다. 승자독식의 규칙에 기초한 개인 간 경쟁을 찬양하는 신자유주의는 한국인들을 드라마 『오징어 게임』과 같은 잔인한 개인 간 서열 경쟁, 격투기 시합으로 밀어붙였다. 그리하여 개인 간 갈등과 불화가 심화되고, 불평등이 만연했다. 결과적으로 인간관계가 크게 악화되고 모든 공동체가 붕괴된 것이다. 국내 기성세대는 성인이 된 후에 신자유주의를 경험했지만, 청년들은 어릴 때부터 신자유주의의 습격을 받으며 성장했다. 한마디로, 어릴수록 신자유주의로부터 입은 피해가 더 큰 것이다.

공동체나 사회에 대한 관심과 애정이 부족하고 개인주의적 성향이 강하다 못해 이기적이며, 무력감으로 인해 사회구조적 모순이나 거악에 분노하거나 저항하지 못한다는 것. 기성세대가 지적하고 비판하는 이런 청년들의 특성이 전부 사실이라고 해도, 그 자체가 청년들이 정의나 사회 개혁을 원하지 않는다는 것을 의미하지는 않는다. 오히려 청년들이야말로 정의가 실현되기를, 세상이 바뀌기를 가장 간절히 바라는 세대일 것이다. 그럴 수밖에 없는 것이 청년들 중 대다수는 가진 것이 없다. 상당 부분 기득권화됐고 일정한 경제력을 가지고 있는 기성세대와는 달리, 가진 것이 없는 청년들은 지독한 고립적 생존 불안에 시달리면서 고통스럽게 살아가고 있다.

청년들은 현재의 한국 사회에서는 행복할 수 없고, 앞으로 행복해질 수도 없다는 것을 잘 알고 있다. 이런 점에서 해마다 사상 최저치를 경신하고 있는 낮은 출산율은 자신들에게 불행을 강요하고 미래를 박탈하는 병든 사회에 대한 청년들의 소극적, 의식적 반항이라고 할 수 있다.

청년들은 세상이 바뀌기를 간절히 바라고 있다. 단지 그런 것이 가능할 거라는 희망을 찾지 못하고 있을 뿐이다. 사회 문제나 정의에는 관심이 없는 것으로 매도당해왔던 청년들이 천만 관객을 돌파한 영화 〈서울의 봄〉에 열광하는 이유는, 무엇보다 정의로운 등장인물들에게 깊이 공감하기 때문이다. 영화를 본 소감을 물어보면, 대부분의 청년들은 거악에 맞서 목숨까지 바쳐가며 정의를 지키려고 했던 등장인물들의 모습에서 큰 감명과 용기를 얻었다고 말한다. 청년들의 이런 반응은, 그들의 마음속 깊은 곳에 정의에 대한 열망이 존재하지 않는다면 나올 수 없었을 것이다.

지금은 청년들이 분노해야 할 때

최소한의 사회적 생존조차 버겁고 인간관계에서의 상처로 인해 자기 마음을 돌보기에 급급해 결혼이나 출산, 즉 미래를 포기하고 있는 청년들이 그들에게 강요된 비참한 운명을 바꾸려면 분노하고 싸워야 한다. 그러려면, 청년들에게 다음과 같은 것들이 필요하다.

첫째, 자신에게 불행과 고통을 강요하고 있는 주범을 정확하게 인식해야 한다. 아마 영화 〈서울의 봄〉을 본 청년들 중에서 일부는 오늘날의 한국이 '헬조선'이 된 것이 악당들이 군사쿠데타로 정권을 찬탈한 것과 관련이 있을 것이라는 깨달음을 얻고 분노의 화살을 자신이나 이웃이 아닌 적폐세력이나 병든 사회 쪽으로 돌리게 됐을 것이다. 청년들은 취업 준비에만 매몰되지 말고 사회 문제를 파고듦으로써 궁극적으로는 각자도생의 방식으로는 청년들이 불행한 처지와 운명에서 벗어날 수 없다는 진리를 깨달아야 한다.

둘째, 연대와 단결을 통해 공동체를 형성해야 한다. 앞에서 언급했듯, 청년들이 거악에 분노하거나 저항하지 못하는 가장 큰 원인은 그들이 개인으로 파편화되고 고립돼 있어서 무력감을 극복하지 못한다는 데 있다. 청년들이 고립된 개인이라는 감옥에서 탈출해 서로 연대하며 하나로 뭉치려면 그들의 요구를 대변하는 공동의 목표, 즉 사회정치적 개혁과제가 있어야 한다. '우리'라는 집단이 형성, 발전하려면 반드시 공동의 목표가 있어야 하기 때문이다.

셋째, 청년 정치세력을 형성해야 한다. 모든 사회 운동과 개혁에는 선각자가 있다. 먼저 깨달은 청년들이 적극적으로 선각자 역할을 함으로써 청년 세대를 정치 세력화해야 한다. 자신의 운명을 개척하려면 스스로 운명의 주인이 돼야 개척이 가능하듯, 진정한 사회 개혁 역시 피가 끓는 청년들이 주도자가 될 때 가능하다. 기성세대, 특히 기성 정치인들은 청년들을 곧잘 비판하면서도 청년 세대의 정치세력화에 대해서는 무관심하거나, 심지어 적대적이기까지 하다. 기성 정치인들에게 의존하거나 그들에게 청원하는 방식으로는 청년들이 자신의 요구를 실현할 수 없다. 청년들이 하나로 뭉쳐 정치세력으로 등장해야 기성세대, 기성 정치권은 비로소 청년들의 요구에 귀를 기울일 것이다.

진정 사랑해야 하는 것은

상당수의 한국 청년들은 '진짜 사랑' 결핍 상태다. 어려서는 부모에게 진짜 사랑을 받지 못했고, 성장과정에서도 진짜 사랑을 받지 못했다. 이로부터 그들은 인간을 믿지도, 사랑하지도 못하게 됐다. 인간을 사랑할 수 없으니 인간인 자기 자신도, 자기 자식도 사랑할 수 없다. 이웃이나 인류를 사랑할 수 없음은 물론이다. 필자가 최근 저서인 『가짜 사랑 권하는 사회』(3)에서 강조했던 인간을 사랑할 수 없는 사람, 사랑의 무능력자가 된 것이다.

인간을 사랑할 수 없게 된 상당수의 청년들은, 누군가를 사랑한다고 하면서도 실제로는 재물이나 지위 등에 집착하는 '가짜 사랑'을 하고 있다. 그러나 인간은 인간을 사랑할 때에만 정신이 건강해지고 행복해질 수 있으며, 사회 개혁의 길로 나아갈 수 있다. 청년들은 자기 자신부터 전적으로 수용하고 사랑함으로써 인간에 대한 사랑의 능력을 회복하고 높여나가야 한다. 그것에 기초해 또 다른 인간들인 이웃과 사회, 인류를 사랑하는 방향으로 나아가야 한다. ⒧

크리티크M 5호
『LGBTQIA의 가려진 진실』
권당 정가 16,500원

글·김태형
심리학자. 심리연구소 '함께' 소장. 2005년부터 활발한 연구, 집필, 교육, 강의, 상담 활동 등을 통해 심리 연구성과를 대중에게 소개해왔으며, 심리학을 누구나 친근하게 다가갈 수 있는 학문으로 만들기 위해 끊임없이 노력 중이다.

(1) 마을공동체의 모습을 잘 보여주는 드라마로 <응답하라, 1988>을 꼽을 수 있다.
(2) 김태형, 『한국인의 마음속엔 우리가 있다』(부제: 심리, 역사, 문화로 한국인의 마음을 들여다보다) 온더페이지, 2023년 06월.
(3) 김태형, 『가짜 사랑 권하는 사회』(부제: 진짜 사랑을 잊은 한국 사회, 더 나은 미래로 어떻게 나아갈 것인가?), 갈매나무, 2023년 12월.

"권력과 기성 정치인에 배신당했지만, 더욱 단단해져"

바야흐로 정치의 계절이다. 유권자의 약 1/3이 청년층(18~39세)임에도, 여의도에 입성한 청년은 극히 드물다. 그런 점에서, 20대 시절 박근혜 전 대통령에 의해 '젊은 피'로 발탁된 이준석은 청년정치인의 상징적 인물이라 할 수 있다. 그는 집권당 새누리당의 비대위원을 거쳐 지역구 출마 및 낙선, 그 뒤 새누리당을 떠나 바른미래당, 미래통합당의 최고위원을 지낸 뒤 국민의힘 초대 당 대표로서 윤석열 당선의 1등 공신으로 살아왔다.

2011년부터 지난 12년, 숨 가쁘게 정치 마당을 누벼온 그는 택시기사, 수학 과외 재능기부 등의 활동을 통해 자신의 핸디캡이라 할 '과학고, 하버드대 출신에 최고권력이 낙점한 엘리트 정치인'의 이미지를 불식시키려 하지만, 달변의 논쟁을 벌이며 젠더 등 민감한 논란 이슈의 중심에 종종 서곤 했다. 강추위가 몰아친 2023년 12월 말, 한창 정치 활동으로 바쁜 이준석을 마포구 합정동 〈르몽드 디플로마티크〉 한국어판 편집실에서 만났다.

이준석 ▍국민의당 전 대표
김유라 ▍본지기자

– 85년생이니, 곧 마흔입니다. 아무래도 그동안 기성 정치권이 이 대표를 소비재로 활용했다는 생각이 들기도 합니다. 기성 정치권이 이 대표에게 단물만 빨다가, 무슨 문제가 있으면 뒤로 빠지는 느낌을 받지는 않았는지요? 이번에도 여러 곳에서 러브콜을 받고 있는데, 어떤 생각이 드는지요?

"저는 굉장히 현실적이에요. 지금까지 그런 움직임에 호락호락 당하지 않았기 때문에 결국 당 대표도 하고 지금의 제가 있다고 봅니다. 예를 들어 제가 박근혜 대통령 시절에도 저한테 '비례대표로 하겠느냐' 등 여러 제안이 들어올 때마다 제가 '아니, 그렇게 정치하고 싶지 않다'라고 이야기했었고, 결국 어려운 길을 찾아 걸어왔어요. 선거철이 되면 항상 각 당에서 젊은 사람을 영입하기 위해서 애를 씁니다. 근데 보통 각 당의 위치에 따라 '제2의 이준석' 또는 '이준석의 대항마' 둘 중 하나의 관점으로 영입 인물을 설명하더군요.

제2의 이준석은 절대 탄생할 수가 없습니다. 왜냐면 이준석과 똑같은 삶을 겪으려고 하면 그 기회 자체가 너무나 적습니다. 저는 총선에서 떨어지고, 그다음에 당 대표 선거에 당선되고, 대선에서 제가 도운 사람이 대통령이 돼 저의 뒤통수를 치고… 이런 과정을 겪었기에 제가 여기 있다고 생각합니다. 국민이 저의 그런 점을 인정하고 있다고 봅니다. 그런 굴곡 하나하나가 다 저의 이력이 된 겁니다."

– 근본적으로, 정치를 왜 하려 합니까?

"정치는 저에게 무슨 의미일까 생각을 많이 했습니다. 정치를 시작한 계기는 12년 전 박근혜 대통령으로부터 비대위원 제안을 받은 것인데요. 처음에는 저의 구체적인 고민거리가 계기가 됐어요. 당시, 저는 저소득층 학생들을 가르치며 그들이 교육의 범위를 벗어난 문제들을 많이 겪고 있다는 점을 깨달았고, 이를 해결해주고 싶다는 아주 뚜렷한 목적이 있었어요.

그런데, 막상 '정치'라는 공간 속에서는 제가 중요하게 생각하는 것들을 다루기 쉽지 않더라고요. 그렇다면 좀 더 보편적인 문제를 봐야겠다. 언젠가는 제가 바라는 구체적인 주제들을 논제로 끌어들일 힘을 가져야겠다. 이런 생각을 하게 됐어요. 그렇게 권력 그 자체를 획득하는 것에 의미를 두고 12년 가까이 정치에 몸담으며 올라가기 위해 노력했어요. 결국 당 대표까지 하면서 정치적인 위상이나 거쳐 온 직책들은 꽤 높아지고 다양해졌습니다. 지금은 새로운 지향점을 고민하고 있어요. 이제는 총선을 앞두고, 한 살이라도 젊을 때 좀 더 큰 도전을 해보고 싶습니다."

– 더 큰 도전이라면, 무엇입니까?

"안타깝게도 우리의 정치 상황은 보수, 진보할 것 없이 전체주의적이고 일방주의적인 경향성이 계속되고 있는 듯합니다. 그 안에서 서로 자기만 옳다는 듯 싸우고 있는 게 지금의 정치라고 봐요. 다원화되고 자유주의적인 관점에서 정치를 이끌어갈 방법들이 많이 사라진 지금, 그런 리더의 위치를 모색하고 있습니다. 그리고 성역

없는 논제들을 다루고 싶습니다. 우리는 아직까지도 정치에 있어 성역을 너무 많이 두고 있습니다. 그래서 정말 중요한 사회 문제들은 논의되지 않고 있는 상황입니다."

– 논의되지 않고 있는 중요한 사회 문제라면?

"지난 대선 때부터 나왔던 젠더 이슈, 당사자주의라는 것도 그렇고요. 정책적 관점에서 이런 쟁점들이 논의돼야 하는데, 아직도 상대를 낙인찍으려는 문화 속에서 30년 이상 된 가치들이 여전히 논쟁이 되고 있거든요. 미국 등 외국의 경우, 다양한 성적 정체성이나 민감한 정책에 대한 토론이 이뤄지는 반면, 우리의 정치는 항상 누가 집권하면 국민 소득을 1% 더 높여줄 것이냐 같은 말을 하고 있어요.

특히 지난 대선은 질이 더 안 좋았던 것이, '대장동을 누가 해먹은 거냐'를 가지고 선거를 치렀잖아요. 재앙에 가까운 선거였다고 봐요. 그러니 대선이 끝나고 1년 반이 지났는데도, 어느 누구도 윤석열 정부의 경제정책,

이준석 전 국민의힘 대표가 22일 오후 서울 성북구 고려대학교 4.18 기념관에서 열린 초청 토론회에 참석해 발언하고 있다. 2023.11.22/뉴스1

통일정책, 교육정책이 무엇인지 한두 문장으로 요약해서 설명하지 못해요. 저 역시 윤석열 정부의 경제정책이 무엇인지 아직도 모르겠어요. 마찬가지로 이재명 대표의 경제정책, 교육정책, 안보정책이 무엇인지 모르겠어요. 이것은 대한민국의 크나큰 위기라고 봅니다."

– 가장 중점을 두는 이준석만의 정책을 몇 가지 꼽는다면요?

"우선 더 미룰 수 없는 게 교육 개혁입니다. 예전과 다르게 사람의 생산성이 소프트웨어적으로는 AI에, 그리고 하드웨어적으로는 로봇에 밀려 0이 되는 지점이 오고 있습니다. 생산성의 한계에 다다르면 많은 사람들이 도태될 것입니다. 그 임계점 밑으로 사람이 내려가지 않게 하기 위한 교육이 필요합니다. 두 번째로, 윤석열 대통령이 취임사에서 '자유'를 30번 넘게 언급했지만, 실체적 자유에 대한 보장이 아주 중요하다고 봅니다. 그 안에는 언론의 자유도 있을 것이고 정치의 자유도 있을 겁니다. 누구든 전당대회에 나가고 싶으면 나갈 수 있어야 하는 것이고, 정치적 역할을 하고 싶다고 한다면 더 큰 권력이 이를 짓밟지 않는 그런 체계성이 필요하다고 봅니다. 저는 자유의 실질적 보장이 굉장히 중요하다고 생각합니다."

– 대통령의 '자유' 개념에 대해 어떻게 생각하는 거죠?

"대통령이 강조한 자유가 프리덤이냐 리버티냐, 별의별 이야기가 있지만, 저는 그의 자유가 무엇이든 간에 요란한 구호에 그쳤다고 생각해요. 자유가 지켜지려면 그에 대한 책임이 있는 사람이 굉장히 쿨해져야 되거든요. 윤석열 대통령은 그러질 못했어요. 그가 누렸던 자유, 즉 다른 상급자의 부당한 명령에 복종하지 않고 대통령이 불편할 만한 수사를 했던 그 자유를, 반대로 다른 누군가가 하려고 했을 때는 억압하는 것은 자가당착입니다. 단적인 예로 지금 해병대 박정훈 대령만 봐도, 정권이 불편해하는 수사를 하려다가 지금 좌천당해 재판까지 받고 있습니다. 대통령은 과거 자신이 누렸던 그 자유 또는 권리를 다른 사람에게 보장해 주지 않는 것인데, 그게 모순인 거죠. 가짜 자유주의자였다는 거예요."

– 또 다른 주요 정책이 있다면요?

"세 번째는 외교적으로 이제 우리가 선진국이 된 위치에서 한미동맹은 가변적이어야 된다고 봐요. 트럼프와 바이든을 거치면서 우리가 아무리 미국의 외교 안보적 이익에 동참한다 하더라도 경제적 이익은 따로 간다라는 미국의 입장이 명확해졌어요. 그러니까 저는 오히려 보수가 미국에 할 말은 하고, 경제적인 이익과 이런 것까지 다 챙길 수 있어야 하고, 그게 안정적인 한미동맹이라고 봅니다. 근데 오히려 미국 측 관계자들 이야기를 들어보면 지난번에 대통령이 방미했을 때 영어로 연설하고, 노래 부르고 신났는데, 자신들에게 뭘 대단한 걸 요구할 줄 알았더니 그냥 넘어가서 더 놀랐다는 거예요. 이게 외교가에서 흘러나오는 이야기인데 저는 그런 의미에서 보수도 외교에서 이제 한 단계 업그레이드된 모습을 보여줘야 한다고 생각합니다.

네 번째는 지속 가능한 복지 정책입니다. 무엇보다 국민연금의 경우, 좀 더 근원적인 개혁이 필요하다고 봅니다. 프랑스 마크롱 대통령도 연금 개혁한다고 했다가 지금 들불처럼 일어난 시위 때문에 고생하고 있지만, 저는 개혁 이야기를 하고 싶어요. 국민연금의 경우 맨날 개혁한다고 해놓고, 결국 용두사미로 더 내고 덜 받는 식으로 끝내왔어요. 반농담조로 이렇게 가다가는 나중에 소득의 50%를 연금으로 내고 소득 대체율은 10%밖에 안 되고 연금은 80세부터 받는 게 아니냐는 말이 나와요. 지금 출산율 0.6%로, 이런 추세라면 앞으로 인구구조는 항아리형이 아니라 역삼각형 구조가 될 게 확실합니다. 이런 상황 속에서 지금의 적립식 연금 체제가 유지 가능하다고 이야기하는 것은 뻥이죠. 우리나라 정치인들의 주류는 60대 이상이어서 대부분이 나 죽고 나면 연금 개혁해라, 나 연금 받을 때까지는 어차피 문제없지 않냐는 식으로 근원적인 개혁을 미루고 있습니다.

마지막으로 권력의 분점이 필요합니다. 특히 권력기관을 감시할 감사원의 경우, 대통령제 아래에서는 독립적인 운영이 쉽지 않습니다. 개헌이나 이런 법률 개정을 통해 감사원은 의회에서 이제 배속돼 의회에서 국회의장이 여러 당의 의견을 취합해 임명하는 원칙을 세워야 할 것입니다. 권력의 견제와 균형이 사라진 상태에서는 올바른 국가 통치가 이루어질 수 없다고 생각합니다."

– 보수당의 이준석은 어느 정도 가능했는데, 왜 민주당의 이준석은 없을까요? 민주당은 보수당에 비해 좀 더 열린 정당일 텐데요.

"민주당에서는 근원적으로 이제 유권자 인구구조가 자신들에게 불리하지 않다고 보니까 혁신을 꾀할 동력이 사라졌다고 봅니다. 진보적 성향의 40~50대가 주요 연령층으로 등장하고, 보수성향의 60~70대는 서서히 밀려나고 있으니까요. 독선에 빠져 있는 거죠. '우리는 아직도 젊다'라는 피터팬 증후군 같은 착각에 빠져 있고, 그에 더해 '우리는 항상 보수보다 젊다'라고 착각하는 거죠. 그래서 저는 젊은 사람을 키우는 것은 절박함 속에서 나온다고 생각합니다. 그게 사라진 정당에서는 뭔가 나올 게 없다고 생각합니다."

– 대화를 하다 보니, 정치적 이상주의가 상당히 강한 느낌이 듭니다. 4월 총선에서 어떤 선택을 하실지 궁금합니다. 이낙연 전 민주당 대표를 비롯해 얼마 전 출범한 '새로운선택–제3의권력'으로부터도 러브콜을 받고 있는데, 본인의 생각은 어떤가요?

"이낙연 전 대표와는 물밑 대화가 있다고 말씀드릴 수 있습니다. 그걸 구체적으로 언급할 단계는 아닙니다. 이 전 대표에게 고민이 많이 필요할 거라고 봅니다. 대통령 빼고 다 해보신 분이기 때문이죠. 어떤 행보를 할 때 본인이 지금까지의 그라운드와 다른 그라운드를 선택할 용기가 있느냐가 중요하리라 생각합니다." 이낙연 전 민주당 대표와 함께한다면 가장 필요한 게 무엇일까요? "용기라고 봅니다. 첫째 이견은 조율할 수도 있고 종합할 수도 있지만 용기는 다른 사람이 도와줄 수가 없습니다. 용기는 스스로 만드는 겁니다." 유권자들이 총선에서 기호 1, 2번이 아니라 제3의 당을 찍을 용기가 있을까요? "저는 그 용기가 존재한다는 걸 몇 번이나 확인했습니다. 예를 들어 2016년 안철수의 국민의당은 유권자들의 용기에 힘입어서 상당한 당선자를 냈습니다. 하지만, 정치인

들이 그것을 이어가거나 지킬 용기가 없었습니다."

– 정치인 이준석이 바꿔나갈 한국 사회의 모습을 한마디로 말한다면요?

"어제보다 오늘이, 오늘보다 내일이 더 나은 삶을 구현하고 싶어요. 얼마 전 손학규 대표를 찾아뵙고 손 대표가 항상 강조하시던 '저녁 있는 삶'이라는 구호를 써도 되겠냐고 (농담조로) 여쭤봤지만, 사실 제가 봤을 때는 그건 성장을 전제로 한 공약이에요. 여유가 있는 사람이 이야기하는 게 저녁이 있는 삶이거든요. 그래서 저는 성장 담론을 담고 싶었어요."

이준석 전 국민의힘 대표는 제법 달변가였다. 인터뷰 내내 어떤 질문에 대해서도 매끄럽게 답했다. 12년 동안 청년정치인으로서 활동한 정치적 여정에 대해서는 자세하게, 또 자신이 주로 비판받는 젠더 문제 등 난감한 문제에 대해서는 '방어적'으로 설명했다. 그의 이야기에 몰입한 나머지 인터뷰 사진 찍는 것을 잊었을 정도였다. **ld**

*인터뷰 전문은 <르몽드 디플로마티크> 한국어 인터넷판에 게재합니다.

분단의 업보

김혜성 ▌탈북 작가, 재불 한인

오늘도 오밤중 꿈속에서 고향 집 문턱을 넘다가 깼다. 이렇게 밤마다 꿈속에서 고향을 다녀온 게 수천 밤이다. 아니 셀 수 없이 많다. 나는 뒷산에 숨어 있다. 산에서 내려와 고향 집 대문을 열고 들어가서 이방 저방 뒤져 보지만, 그립기만 하던 어머니의 얼굴은 보이질 않는다. 그렇게 오늘 밤도 허탕을 치고 보위부에 쫓기며 두만강을 넘으려는데 강을 따라 휘둘러 쳐진 견고한 철조망을 보고 소스라치게 놀라다 깼다.

함경북도 새별군 종산리. 내가 버린 고향 땅에 나를 낳아서 젖을 먹여, 사람 모양을 갖춰 살 수 있게 키워준 어머니가 홀로 남겨져 있다. 고향에는 어머니의 노쇠함을 돌봐줄 피붙이가 없다. 어머니는 젊음을 태워가며, 배 아파가며 자식 셋을 낳았다. 그러나 그 자식들은 병에 걸려 죽고, 월남하고, 정치범이 돼 감옥으로 갔다. 이제 늙어버린 어머니의 곁에는 아무도 없다.

이렇게 밤중에 고향의 꿈을 꾸다 깬 날은 눈을 꾹 감고 어딘가에서 우리를 지켜보고 있다는 신께 기도를 드린다. 도와주세요. 신이시여! 노모가 깊은 잠을 자고 있을 때 그녀의 영혼을 거둬가소서! 병을 앓지 않게 하소서! 마음 고생, 몸 고생까지 팔자 고약한 그 노인네 죽을 때만이라도 편안하게 죽게 해 주소서! 내가 어머니를 위해 할 수 있는 것은 기도밖에 없다.

나는 고향에 가족들이 있었다. 아버지는 한 많은 이 세상의 삶을 마감하고 저세상으로 갔다. 내가 탈북시키

중국 길림성 도문시에서 바라본 두만강 건너 북한 남양시 전경. 작가의 고향과 가까운 곳으로 꿈에서 그리던 모습을 빼닮았다./뉴스1

려던 동생은 잡혀서 정치범 수용소로 갔다는 소식만 들
릴 뿐, 생사를 알 길 없다. 한때는 동생의 생년월일을 써
가지고 점을 잘 보기로 유명하다는 소문난 무당들을 찾
아다니며 생사만 확인해 달라고 빌었다. 동생을 내 손으
로 정치범 수용소로 보낸 것 같아서였다. 그때 데리고 나
오지 않았으면 북한에서 고생은 했겠지만, 살아 있긴 했
을 텐데 말이다. 이런저런 생각들이 꼬리에 꼬리를 물며
밤잠을 못 이룬다. 만약에 그랬더라면, 만약에 저랬더라
면, 하는 그런저런 생각들은 결국에 '죄책감'이라는 결정
체가 돼 내 가슴을 무겁게 짓누른다.

'내 탓이다. 그래 내 탓이다! 동생의 손을 잡고 두만
강을 함께 건넜어야 했는데… 아니야 아니야. 그때 데리
고 나오지 말았어야 했어.'

나는 그저 내 여동생이 이 풍요롭고 자유로운 남쪽
나라에서 마음씨 좋은 총각을 만나 오손도손 살게 하고
싶은 그 마음뿐이었는데, 결과적으로는 동생의 인생을
부숴버렸다. 가족과 자유, 가족과 꿈, 가족과 나, 핏줄과
나의 미래, 두 가지 선택지를 놓고 꼭 선택을 해야 했다.
그래서 나는 지독하게 이기적인 선택을 했다. 그 결과로
나는 풍요를 얻었고, 자유를 얻었다.

그런데 이제 와서 희망은 고향 땅에 두고 있다. 어
머니가 죽기 전에 한 번만, 단 한 번만이라도 좋으니 어
머니의 얼굴을 보고 싶다. 고향을 떠나서 어떻게 살아왔
는지, 어떻게 살아 냈는지, 어머니 없는 하늘 아래서 얼
마나 괴로웠는지. 날 밤을 새워가며 긴 이야기들을 나누
고 싶다. 한 많고 설움 많은 삶을 살아 낸 노모의 주름진
얼굴에 옅은 미소가 피어오르겠지… 안다 안다, 그런 날
은 결코 오지 않을 거라는 걸!

"내일 밤에는 모레 밤에는 고향에 안 갈 거라고,
밤마다 제발 나를 고향 땅에
데려다 놓지 말라고 기도하고 잠들어도,
나는 두만강을 건너 고향 집 문턱을 넘고 만다."

프랑스에서의 삶은 평온하다. 나를 움츠러들지 않
게 하는 나지막하고 적당한 크기의 건물들은 남프랑스

의 소박한 자연 속에 파묻혀 있다. 여유롭게 걸어 다니는
사람들의 얼굴에는 편안한 미소가 넘친다. 길을 걷다 눈
을 마주치는 생전 처음 보는 사람들도 얼굴에 화사한 미
소를 띠며 낯선 모습의 이방인인 나에게 친절한 인사를
건넨다. 늘 같은 시간에 학교에서 마주치는 이미 얼굴을
익힌 이웃들은 안부까지 물어 온다.

내 집 주변에는 백 년도 넘게 이 땅을 지켜 온 것 같
은 아름다운 소나무들이 무성한 숲을 이루고 있다. 아이
들을 데리고 등하교를 시킬 때면 소나무 가지 위에 앙증
맞게 작고 귀여운 새들이 지저귀며 우리를 반겨준다. 내
집안에 아이들의 명랑한 웃음소리가 가득 퍼져올 때, 나
는 흐뭇한 미소를 지으며 아이들과 남편을 바라본다. 이
모든 것들을 한 부분 큼지막하게 뚝 떼어내 가지고 내 고
향으로 가고 싶다는 생각도 든다.

살아남길 잘했다. 살아남았으니 이런 행복도 맛보
네. 기특하다 기특해. 잘했어 참 잘했어. 스스로에게 무
한한 격려를 보내다가, 그러다가 문득 가슴속 깊은 곳에
서 피어오르는 죄책감. '내가 혼자만 잘 먹고 잘 살고 있
구나. 동생을 사지에 밀어 넣고, 고향에 노모를 홀로 남
겨 두고, 그 나라를 뛰쳐나와 결국 나 혼자만 잘 먹고 잘
살고 있구나.'

내가 만든 가족은 여기에 있지만, 나를 만들어 준
원래의 가족은 북한에 남겨 됐으니, 나는 그 사이에 끼어
있다. '분단'이라는 수난의 역사 속 한가운데 내 가족이
들어가 있고, 나는 내 혈육들을 통해서 분단의 고통을 온
몸으로 느껴야 할 때가 있다. 나는 이제 고향으로 다시
돌아가지는 못하겠지. 언젠가 어머니가 세상을 떠나시
면, 그날이 오면 마음을 좀 덜 써도 될까?

분단의 원인은 뭘까? 서로 미워하고 반목하고, 다름
을 틀림이라고 배척하고, 서로가 정의라고 우겨댄 결과
는 아닐까? 민족이란 뭘까? 민족이 먼저일까, 계급이 먼
저일까? 나는 아직 민족이라는 개념에서 자유롭지 못한
것 같다. 프랑스 같은 다문화 다민족 사회에서는 민족이
라는 개념이 가끔은 구시대가 남겨 놓은 흔적 같아 보이
기도 한다. 북한에 혈육을 두고 온 나는 민족이라는 개념
이 잊혀 가는 게 아쉽고 걱정이 된다. 그래도 내가 기댈

데는 남쪽 사람들밖에 없는데, 그 사람들이 화합하고 좋은 나라를 만들어 줘야 고향으로 돌아갈 꿈이라도 꿔 볼 텐데…

섬처럼 남겨진 작은 나라에서 단일 민족의 혈통적 명맥을 유지하는 민족이 세계에는 거의 없는 것 같은데, 우리는 좁아터진 나라에서 왜 이렇게 싸우기만 했을까? 싸우기만 할까? 서로 선을 긋고 차별하고 헐뜯고 미워하기만 할까? 고립되고 비좁은 땅에서 한정된 자원을 가지고 과밀한 인구가 생존을 다퉈야 해서 그런 걸까?

내 어머니가 세상을 떠나면 북한과는 인연이 끊긴다. 내 동생의 생사는 죽었다고 포기하면 될까? 누가 이야기해 준 것처럼 '죽고 사는 것은 그 아이의 운명이다.'라고 생각하면 나는 프랑스에서 만든 새로운 가족과 소소하게 일상의 평화로움에만 집중할 수 있을까? 아이들과 함께 고요한 시간을 보내다가도 문득문득 고향에 두고 온 어머니와 생사를 모르는 동생에 대한 미안함이 떠올라 마음을 헤집어 놓는다.

남편과 아이들에게 티를 내지 않으려고 옅은 미소를 띠며 마음을 다잡지만, 내 눈은 허공을 가르며 마음 한쪽 방 한 칸을 북에 남겨둔 가족들에게 내줄 수밖에 없다. 내 민족의 땅에서 내 조상들이 물려준 업보인 '분단', 그리고 내 손으로 만든 업보인 '생이별'에서 벗어나서 자유로워질 수 있을까?

나는 왜 하필이면 한반도에서, 북한에서 태어났을까? 아휴! 지겹기도 해라! 무슨 망령이 내 등짝에 들러붙은 것 같다. 이렇게 지겨운 고통을 내 대에서 끊어 냈으면 좋겠다. 그런 생각이 드는 밤이다. 싸우지들 말고, 대화를 나눠 봤으면 좋겠다. 다르면 다른 대로 존중하고 그렇게 살 수는 없는 걸까? 영토는 작아도 넓은 아량을 품으면 큰 나라가 되는 게 아닐까? 서로를 포용하고 살았더라면 분단이 되지 않았을 수도 있지 않았을까?

미련만 내려놓으면 되는데, 왜 나는 실낱같은 희망이라도 붙잡아 보려고 하는 걸까? 부모도 내 마음에서 지워내고, 동생에 대한 기억도 다른 수많은 이유들로 덮어내고 말이다. 근데 그게 되질 않는다. 제대로 피어보지도 못한 망울을 어둠 속에 처박은 내 동생의 인생이 가

여워서, 내가 그 아이를 잊으면 아무도 기억하지 않을 것 같아서, 그래서 붙잡고 있는 것 같다.

'전옥아! 이 하늘 아래 살아는 있는 거니?
살아 있어 달라고 부탁하려니 언니가 염치가 없다.
네가 있는 그곳은 살아 숨 쉬는 게 지옥이라지!
내가 내 손으로 너를 사지에 밀어 넣었다.
언니는 천국에 갈 수는 없을 거야.
그러니 언니는 다음 생이 있겠지.
전옥아! 다음 생에는 네가 나의 자식으로 태어나렴.
내가 너를 소중하게 보듬을 거야.
너를 위해 나를 한 방울도 남김없이
기꺼이 다 내어 줄 거야.
그러니 꼭 나에게 와야 돼. 내가 정말 미안해서…
너는 이제 나의 꿈속에도 찾아오지 않는구나.
내가 할 말이 참 많은데…
전옥아! 언니가 너를 기억하고 있어.
선명하게 기억하고 있어.
너를 생각하면
태양빛에 색이 바랜 연분홍색 우산을 쓰고
초원에서 거위들을 방목하던 모습이 떠올라.
언니를 어머니처럼 의지한다고 했었는데, 전옥아!
언니는 너를 한순간도 잊어 본 적이 없다.
언니의 마음 한편에 따뜻한 방을 내주고
너의 이름 세 글자를 자주 꺼내 보고 있어.
그립다.'

오늘 밤도 '제발 나를 고향 땅에 데려다 놓지 마세요.'라고 기도하고 잠들어도 나는 두만강을 건너 고향 집 문턱을 넘는다. ⒤

글·김혜성
2004년 16세에 탈북해, 대한민국에서 대입검정고시를 거쳐 연세대 인문학부에 입학해 역사학을 전공했다. 2017년 프랑스인 남편을 만나 두 자녀를 낳고 프랑스 엑상프로방스에서 살고 있다.